모두
블록
코딩

나만의 블록 조립 연구소

스크래치

3.0 메이커

창의코딩연구소 지음

모두 블록 코딩

나만의 블록 조립 연구소

스크래치 3.0 메이커

초판 발행일 | 2021년 6월 15일

지은이 | 창의코딩연구소, 이호

펴낸이 | 최용섭

총편집인 | 이준우

기획진행 | 김미경

㈜해람북스

주소 | 서울시 용산구 한남대로 11길 12, 6층

문의전화 | 02-6337-5419 팩스 02-6337-5429

홈페이지 | http://www.hrbooks.co.kr

발행처 | (주)미래엔에듀파트너 **출판등록번호** | 제2016-000047호

ISBN 979-11-6571-155-9 13000

나만의 블록 조립 연구소

 자신이 스스로 코딩하여 만든 작품에 제목을 붙여 보세요. 그리고 코딩할 때 사용했던 명령 블록을 떠올려 함께 작성해 보세요.

연구 1	• 제목 : • 주요 명령 블록 :
연구 2	• 제목 : • 주요 명령 블록 :
연구 3	• 제목 : • 주요 명령 블록 :
연구 4	• 제목 : • 주요 명령 블록 :
연구 5	• 제목 : • 주요 명령 블록 :
연구 6	• 제목 : • 주요 명령 블록 :
연구 7	• 제목 : • 주요 명령 블록 :
연구 8	• 제목 : • 주요 명령 블록 :
연구 9	• 제목 : • 주요 명령 블록 :
연구 10	• 제목 : • 주요 명령 블록 :

이 책의 차례

CONTENTS

순차 : 엉뚱한 동화 이야기

● 스프라이트가 정해진 순서대로 명령을 수행하도록 해봅니다.

● 신호를 보내고 신호를 받았을 때 원하는 명령을 수행하도록 해봅니다.

• 예제 파일 : 반전동화.sb3 • 완성 파일 : 반전동화(완성).sb3

 미션 문제 해결 과제 | 순차

필요한 스프라이트(배경)	주요 명령 블록

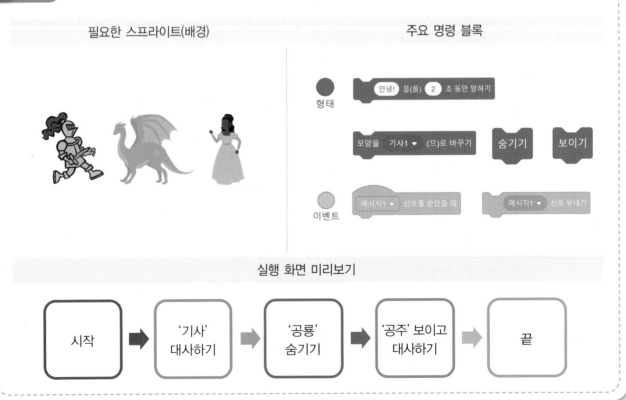

1 스프라이트에 신호 보내기

❶ '반전동화' 예제 파일을 불러온 후 '기사' 스프라이트를 선택하고 의 와 의 형태
모양을 기사1 ▾ (으)로 바꾸기 블록을 드래그하여 그림과 같이 연결합니다.

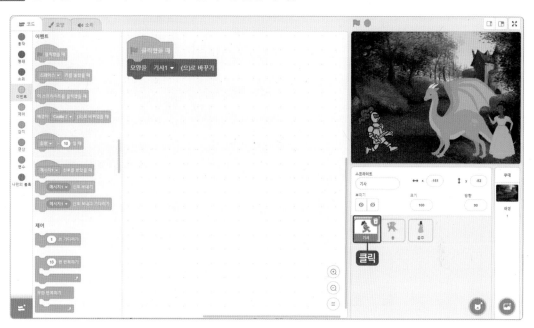

❷ 의 안녕! 을(를) 2 초 동안 말하기 와 모양을 기사1 ▾ (으)로 바꾸기 블록을 드래그하여 그림과 같이 연결한 후 '안녕!'을
'공주님을 구해야지!'로 '기사1'을 '기사2'로 변경합니다.

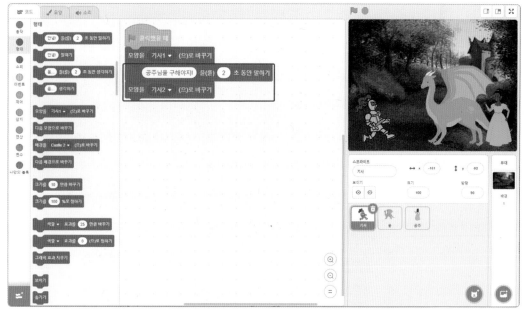

Tip

> 명령 블록의 옵션값을 변경하기 위해 옵션값 옆에 있는 목록 버튼(▼)을 클릭한 후 원하는 옵션을 선택합니다.

❸ ⬤형태의 [안녕! 을(를) 2 초 동안 말하기] 블록을 드래그하여 연결하고 '안녕!'을 '나의 칼을 받아라!'로 변경합니다. 이어서 ⬤이벤트의 [메시지1▼ 신호 보내기] 블록을 연결하고 ❶ 목록 버튼(▼)을 클릭한 후 ❷ '새로운 메시지'를 선택하여 [새로운 메시지] 대화상자가 나타나면 ❸ 메시지 이름을 '용'으로 입력하고 ❹ [확인] 버튼을 클릭합니다.

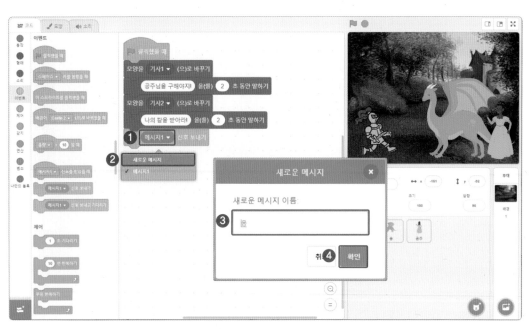

❹ ⬤형태의 [안녕! 을(를) 2 초동안 말하기] 블록을 연결하고 '안녕!'을 '물리쳤다'로 변경합니다. 이어서 ⬤이벤트의 [메시지1▼ 신호 보내기] 블록을 연결하고 ❶ 목록 버튼(▼)을 클릭한 후 ❷ '새로운 메시지'를 선택하여 [새로운 메시지] 대화상자가 나타나면 ❸ 메시지 이름을 '공주'로 입력하고 ❹ [확인] 버튼을 클릭합니다.

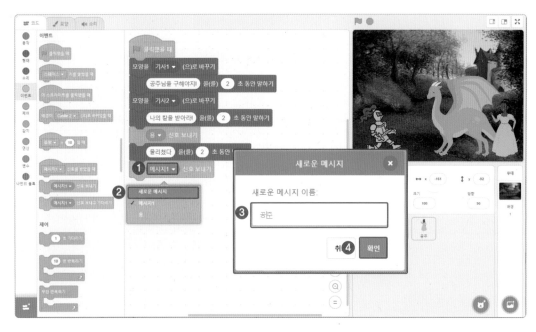

❶ '용' 스프라이트를 선택한 후 ⬤ 의 📗클릭했을때 와 ⬤ 의 보이기 블록을 드래그하여 그림과 같이 연결합 니다.

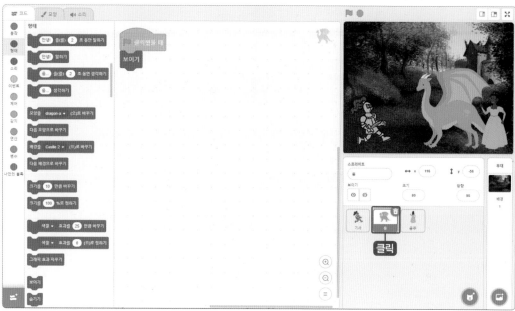

❷ ⬤ 의 메시지1▾ 신호를 받았을 때 와 ⬤ 의 숨기기 블록을 그림과 같이 연결합니다.

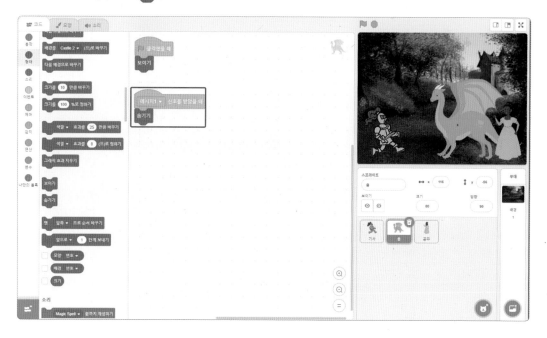

❸ 이어서 앞서 배운 방법을 참고하여 '메시지1'을 '용'으로 변경합니다.

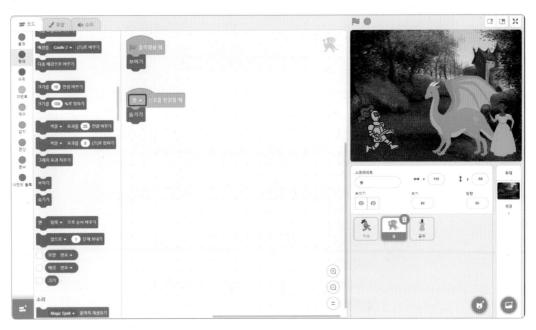

스프라이트 보이기와 숨기기

숨기기 블록을 사용하여 보이지 않게 된 스프라이트는 스프라이트 영역의 보이기 메뉴에서 [보이기(◉)] 버튼을 클릭하면 스프라이트가 무대에서 보이게 되고 [보이지 않기(◎)] 버튼을 클릭하면 스프라이트가 무대에서 보이지 않게 됩니다.

❶ '공주' 스프라이트를 선택합니다. 이벤트의 ▶클릭했을 때 와 형태의 숨기기 블록을 드래그하여 그림과 같이 연결합니다.

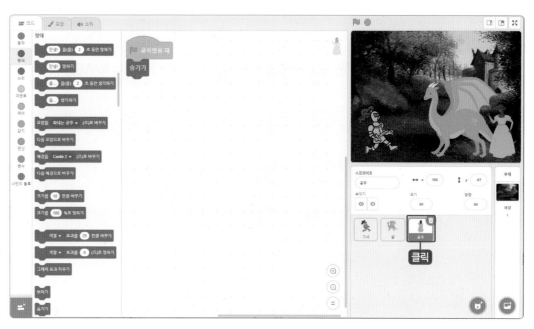

❷ 이벤트의 메시지1▾ 신호를 받았을 때 와 형태의 보이기 , 안녕! 을(를) 2 초 동안 말하기 블록을 그림과 같이 연결한 후 '메시지1'을 '공주'로, '안녕!'을 '내가 사랑하는 용은 어디에 있어요?'로 각각 변경합니다.

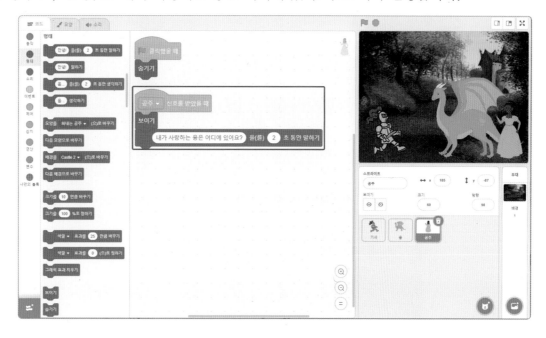

예제 **1** 예제 파일을 불러와 다음 조건에 맞게 코딩을 완성해 보세요.

조건
① '해파리', '열대어' 신호를 만듭니다.
② '인어공주'는 모양을 바꾸며 '해파리 나와라', '열대어 나와라'를 말하고 '해파리'와 '열대어'에 신호를 보냅니다.
③ 신호를 받으면 해당 스프라이트가 화면에 나타납니다.

• 예제 파일 : 내 이름은 열대어.sb3   • 완성 파일 : 내 이름은 열대어(완성).sb3

예제 **2** 예제 파일을 불러와 다음 조건에 맞게 코딩을 완성해 보세요.

조건
① '사과', '배' 신호를 만듭니다.
② '마법사'가 모양을 바꾸며 '사과 나와라', '배 나와라'를 말하고 '사과'와 '배'에 신호를 보냅니다.
③ 신호를 받으면 해당 스프라이트가 화면에 나타납니다.

• 예제 파일 : 이 배가 아닌데.sb3   • 완성 파일 : 이 배가 아닌데(완성).sb3

Chapter **02**

학습목표 🌱

순차 : 디지털 동화책

● 무대 화면에 배경을 추가해 봅니다.
● 순서대로 배경을 바꾸고 배경이 바뀌면 스프라이트가 차례대로 말하도록 해봅니다.

• 예제 파일 : 디지털 동화책.sb3 • 완성 파일 : 디지털 동화책(완성).sb3

 미션 문제 해결 과제 | 순차

필요한 스프라이트(배경)	주요 명령 블록

형태

배경을 배경 1 ▼ (으)로 바꾸기

숨기기 보이기

이벤트

배경이 배경 1 ▼ (으)로 바뀌었을 때

실행 화면 미리보기

시작 ➡ 배경 1 / '기사' 대사하고 / 배경 2로 전환 ➡ 배경2 / '공룡' 보이고 / '기사' 대사하기 ➡ 배경3 / '용' 보이고 / '기사' 대사하기 ➡ 끝

1 배경 추가하기

❶ '디지털 동화책' 예제 파일을 불러온 후 무대 영역의 [배경 고르기(☐)] 버튼을 클릭하여 [배경 고르기] 창이 나타나면 'Playground' 배경을 선택하고 무대 영역의 배경을 클릭한 후 [배경] 탭에서 이름을 '배경3'으로 변경합니다.

Tip

배경 삭제하기
[배경] 탭에서 삭제하고 싶은 배경을 클릭한 후 오른쪽 상단의 휴지통을 클릭하면 배경이 삭제됩니다.

2 배경에 따라 명령 블록 실행하기

❶ [코드] 탭을 클릭한 후 '기사' 스프라이트를 선택하고 이벤트의 ⬤ 클릭했을 때 와 형태의 ⬤ 배경을 배경1 ▾ (으)로 바꾸기 블록을 그림과 같이 연결합니다.

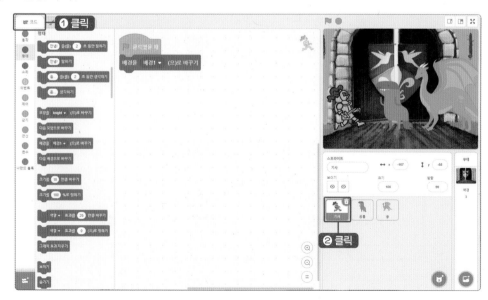

❷ ●의 형태 <kbd>안녕! 을(를) 2 초 동안 말하기</kbd> , <kbd>배경을 배경 1 ▾ (으)로 바꾸기</kbd> 블록을 그림과 같이 연결한 후 '안녕!'을 '사라진 용을 찾으러 가자'로, '배경1'을 '배경2'로 각각 변경합니다.

❸ ●의 이벤트 <kbd>배경이 배경 1 ▾ (으)로 바뀌었을 때</kbd> 블록과 ●의 형태 <kbd>안녕! 을(를) 2 초 동안 말하기</kbd> 블록을 그림과 같이 연결하고 '배경 1'을 '배경2'로, '안녕!'을 '이 공룡이 아닌데'로 각각 변경합니다.

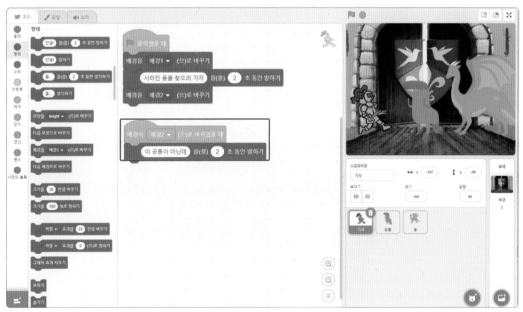

Tip

스프라이트 이름 변경하기
스프라이트 정보 창에서 스프라이트 이름을 클릭하여 원하는 이름으로
변경할 수 있습니다.

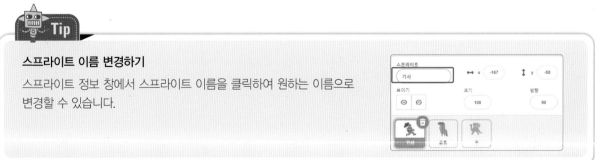

④ ●의 형태 [안녕! 을(를) 2 초 동안 말하기], [배경을 배경1 ▾ (으)로 바꾸기] 블록을 그림과 같이 연결하고 '안녕!'을 '다른 곳으로 가보자'로, '배경1'을 '배경3'으로 각각 변경합니다.

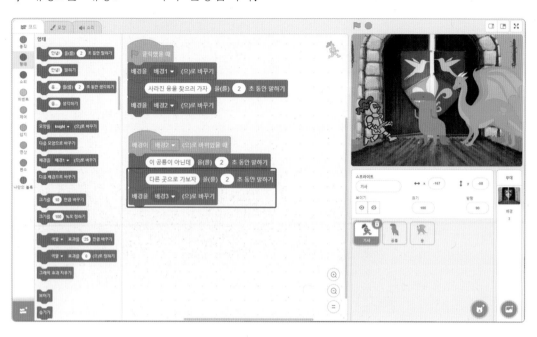

⑤ ●의 이벤트 [배경이 배경1 ▾ (으)로 바뀌었을 때] 블록과 ●의 형태 [안녕! 을(를) 2 초 동안 말하기] 블록을 그림과 같이 연결하고 '배경1'을 '배경3'으로, '안녕!'을 '찾았다!'로 각각 변경합니다.

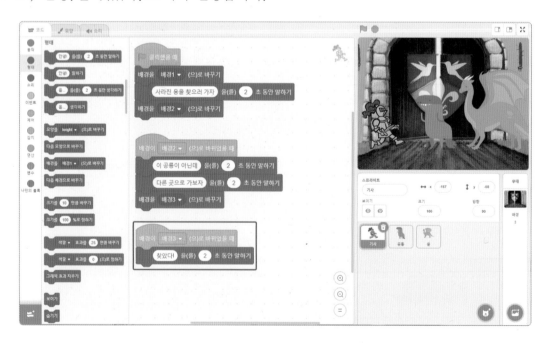

① '공룡' 스프라이트를 선택한 후 이벤트의 클릭했을 때와 형태의 숨기기 블록을 그림과 같이 연결합니다.

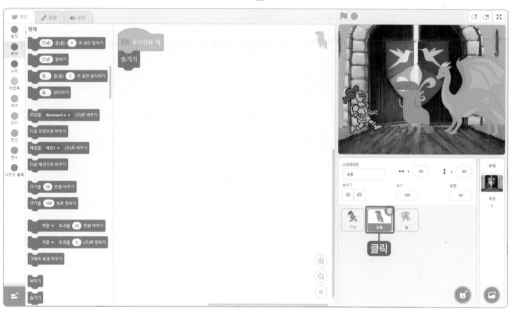

② 이벤트의 배경이 배경1 ▼ (으)로 바뀌었을 때와 형태의 보이기 블록을 그림과 같이 연결하고 '배경1'을 '배경2'로 변경합니다.

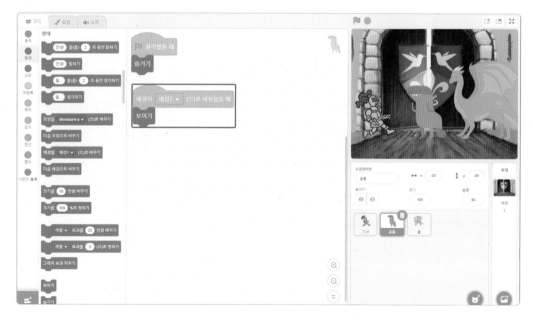

❸ 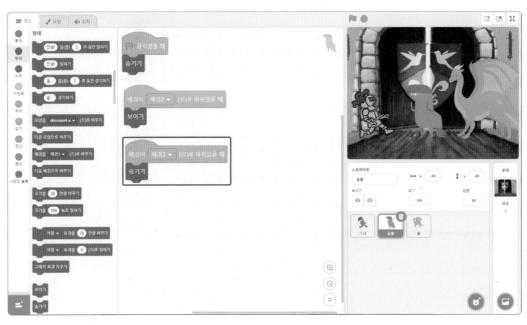 이벤트 의 배경이 배경1 ▼ (으)로 바뀌었을 때 와 형태 의 숨기기 블록을 그림과 같이 연결하고 '배경1'을 '배경3'으로 변경합니다.

'배경3'에서 '용' 보이기

❶ '용' 스프라이트를 선택한 후 앞서 배운 방법과 같은 방법으로 그림과 같이 코딩을 완성해 봅니다.

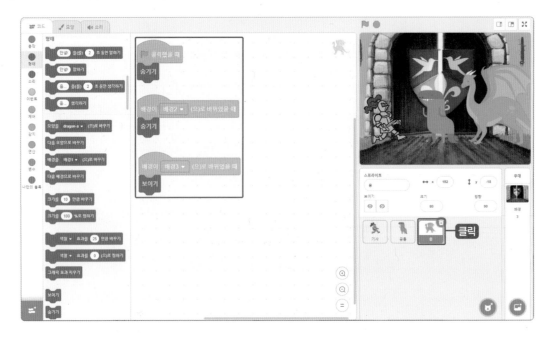

 1 예제 파일을 불러와 다음 조건에 맞게 코딩을 완성해 보세요.

조건
① 배경이 순서대로 바뀝니다.
② 배경이 바뀔 때마다 각 스프라이트가 상황에 맞게 대화를 합니다.

• 예제 파일 : 디지털 동화책2.sb3　• 완성 파일 : 디지털 동화책2(완성).sb3

예제 2 예제 파일을 불러와 다음 조건에 맞게 코딩을 완성해 보세요.

조건
① 배경이 순서대로 바뀝니다.
② 배경이 바뀔 때마다 '발레하는 소녀'가 상황에 맞게 말을 합니다.

• 예제 파일 : 발레하는 소녀.sb3　• 완성 파일 : 발레하는 소녀(완성).sb3

Chapter
03

즐거운 코딩 ①
영화감독 도전하기

 다음의 조건을 이용해 코딩을 완성해 보세요.

① '기사'가 '용을 찾았어요, 공주님!'이라고 말하고 '공주' 신호를 보내면 기쁜 공주가 나타나고 동시에 '용'은 사라집니다.

② 화난 공주로 바뀐 '공주'가 '기사' 신호를 보내면 '기사'는 '다시 찾으러 가요!'라고 말하고 배경이 '달나라'로 바뀝니다.

③ '달나라' 배경에서 '용'이 나타나면 기쁜 공주가 '드디어 찾았다. 내 사랑 용!'이라고 말합니다.

• 예제 파일 : **영화감독 도전하기.sb3** • 완성 파일 : **영화감독 도전하기(완성).sb3**

⭐ 코딩 이야기

❶ '기사' 스프라이트를 선택하고 프로그램이 시작되면 배경이 '놀이터'로 바뀌고 '기사'가 '용을 찾았어요, 공주님!'
이라고 말한 후 '공주' 신호를 보내도록 코딩합니다.

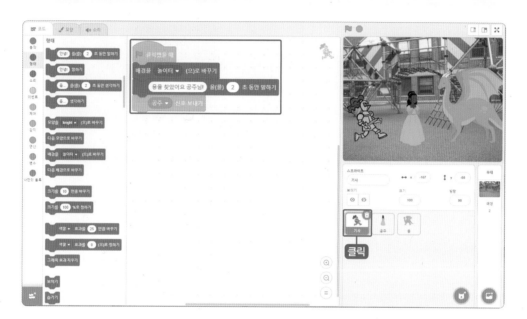

❷ '공주' 스프라이트를 선택하고 프로그램이 시작되면 모습을 숨기도록 코딩합니다.

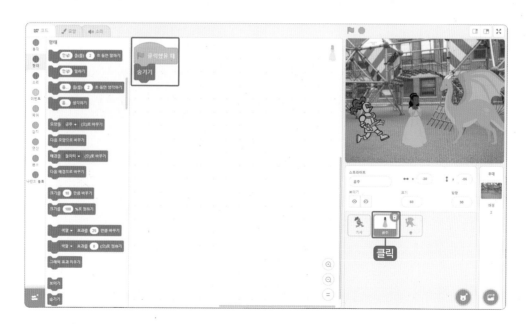

❸ '공주' 신호를 받으면 '기쁜 공주' 모양으로 바꾼 후 '어디에 있어요?'를 '2'초 동안 말하도록 코딩합니다.

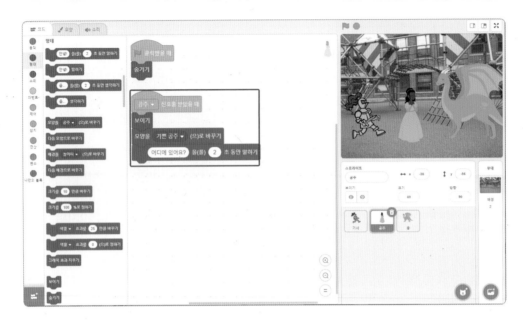

❹ 이어서 '화난 공주' 모양으로 바꾸고 '없잖아요!'를 '2'초 동안 말한 후 '기사' 신호를 보내도록 코딩합니다.

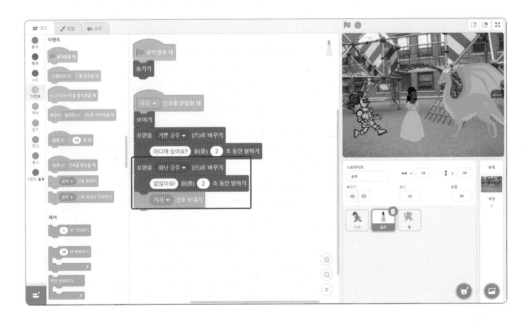

❺ '기사' 스프라이트를 선택한 후 '기사' 신호를 받으면 '여기에 있었어요!', '다시 찾으러 가요!'를 각각 '2'초 동안 말하고 '달나라' 배경으로 바꾸도록 코딩합니다.

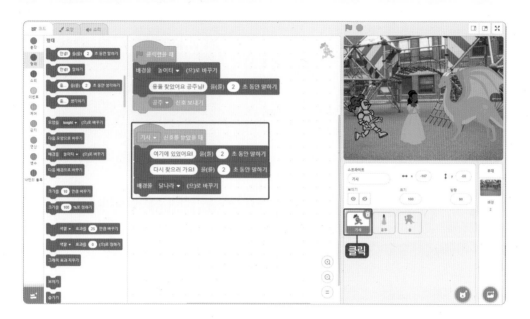

❻ 배경이 '달나라'로 바뀌면 '4'초 동안 기다린 후 '달나라에?'를 '2'초 동안 말하도록 코딩합니다.

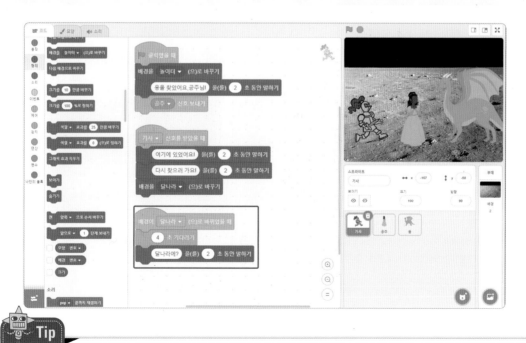

Tip

배경이 '달나라'로 바뀐 후 '4'초 동안 기다리는 이유는 '공주' 스프라이트가 말하는 시간 동안 기다리기 위해서입니다.

❼ '공주' 스프라이트를 선택한 후 배경이 '달나라'로 바뀌면 '기쁜 공주' 모양으로 바꾸고 '드디어 찾았다!', '내사랑 용!'을 각각 '2'초 동안 말하도록 코딩합니다.

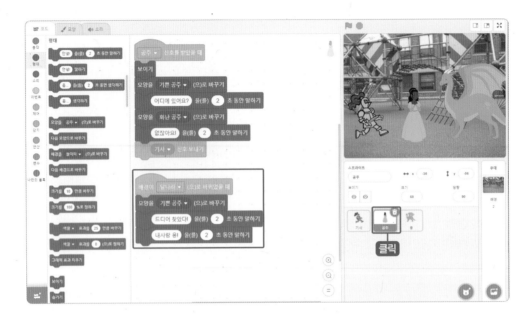

❽ '용' 스프라이트를 선택한 후 각 조건에 따라 모양을 보이고 숨기도록 코딩합니다.

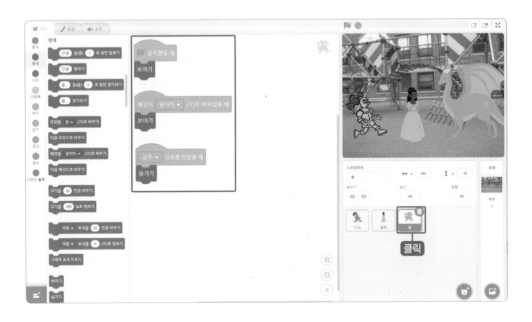

반복 : 나는 미디어아트 작가

● 반복하기 블록이 감싸고 있는 블록들이 계속해서 반복 실행되는 방법을 알아봅니다.
● 스프라이트가 무대 영역 안에서 계속 움직이게 하는 방법을 알아봅니다.
● 스프라이트가 벽에 닿아 튕길 때 회전시키는 방법을 알아봅니다.

· 예제 파일 : 별이 빛나는 밤에.sb3 · 완성 파일 : 별이 빛나는 밤에(완성).sb3

미션 문제 해결 과제 | 순차, 반복

필요한 스프라이트(배경)	주요 명령 블록

주요 명령 블록

동작
- `10 만큼 움직이기`
- `벽에 닿으면 튕기기`
- `마우스 포인터 ▾ 쪽 보기`
- `회전 방식을 왼쪽-오른쪽 ▾ (으)로 정하기`

형태
- `다음 모양으로 바꾸기`

제어
- `무한 반복하기`
- `1 초 기다리기`

실행 화면 미리보기

시작 ➡ '별' 계속해서 반짝이기 ➡ '나방'이 마우스 따라 움직이기 ➡ '보트'와 '부엉이' 계속해서 움직이기 ➡ 끝

1 '별' 계속해서 반짝이기

❶ '별이 빛나는 밤에' 예제 파일을 불러온 후 '별' 스프라이트를 선택하고 ⬤ 의 🏴클릭했을 때 와 ⬤ 의
이벤트   제어
🟧무한 반복하기🟧 블록을 그림과 같이 연결합니다.

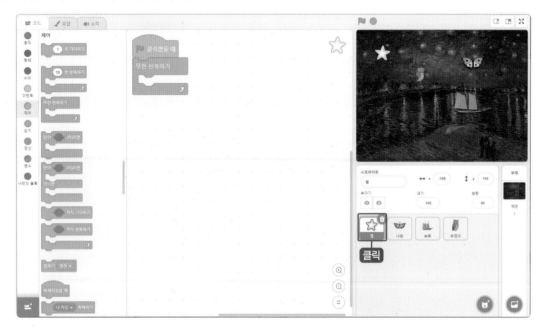

❷ ⬤ 의 🟧 1 초 기다리기 , ⬤ 의 숨기기 , 보이기 블록을 그림과 같이 연결합니다.
제어   형태

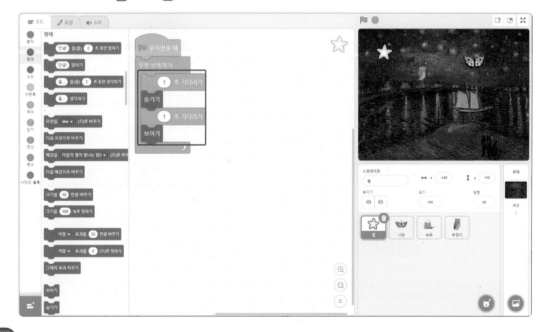

Tip

> 🟧 1 초 기다리기 블록에서 '1'을 '1'보다 작은 숫자로 변경하면 반짝이는 속도가 빨라지고 '1'보다 큰 숫자로 변경하면 반짝
> 이는 속도가 느려집니다.

2 '나방'이 계속해서 마우스 포인터 쫓아다니기

❶ '나방' 스프라이트를 선택한 후 ⬤ 의 이벤트 `클릭했을 때` 와 ⬤ 제어 의 `무한 반복하기` 블록을 그림과 같이 연결합니다.

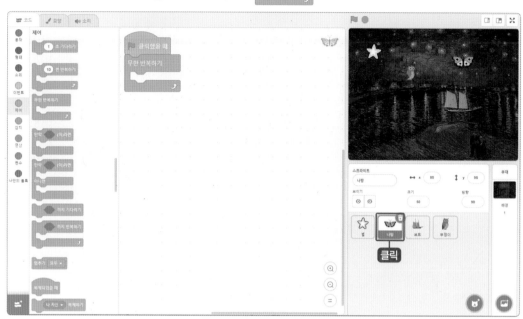

❷ `무한 반복하기` 안에 ⬤ 동작 의 `마우스 포인터 ▼ 쪽 보기` , `10 만큼 움직이기` 블록을 그림과 같이 연결하고 '10'을 '2'로 변경합니다.

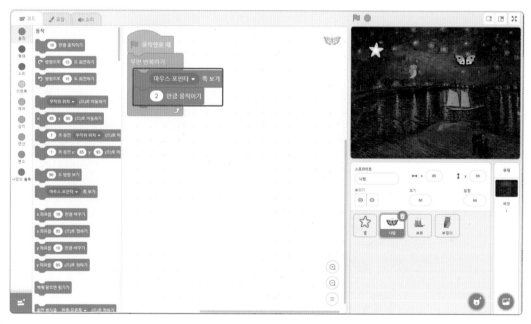

Tip

`10 만큼 움직이기` 블록에서 '1'을 '1'보다 작은 숫자로 변경하면 움직이는 속도가 빨라지고 큰 숫자로 변경하면 움직이는 속도가 느려집니다.

'보트'가 무대에서 계속 움직이기

❶ '보트' 스프라이트를 선택한 후 ⬤ 의 🏳 클릭했을 때 와 ⬤ 의 회전 방식을 왼쪽-오른쪽 ▼ (으)로 정하기 블록을 그림과 같이
이벤트   동작
연결합니다.

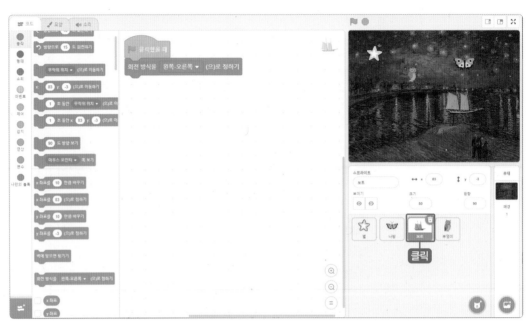

❷ ⬤ 의 무한 반복하기 와 ⬤ 의 10 만큼 움직이기 , 벽에 닿으면 튕기기 블록을 그림과 같이 연결하고 '10'을 '3'으로
제어   동작
변경합니다.

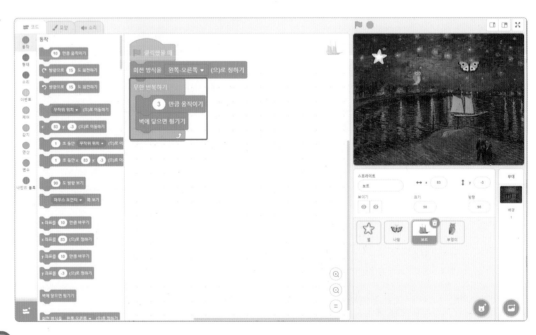

Tip

벽에 닿으면 튕기기 블록을 사용하면 스프라이트가 무대 바깥으로 나가지 않고 벽에 닿았을 때 무대 안쪽으로 튕깁니다.
이때 회전 방식에 따라 스프라이트가 바라보는 방향이 바뀝니다.

❶ '부엉이' 스프라이트를 선택한 후 ⬤의 `클릭했을 때`, ⬤의 `회전 방식을 왼쪽-오른쪽 ▼ (으)로 정하기` 블록을 그림과 같이
연결하고 회전 방식을 '회전하지 않기'로 변경합니다.

❷ ⬤의 `무한 반복하기`, ⬤의 `10 만큼 움직이기`, `벽에 닿으면 튕기기` 블록을 그림과 같이 연결하고 '10'을 '4'로
변경합니다.

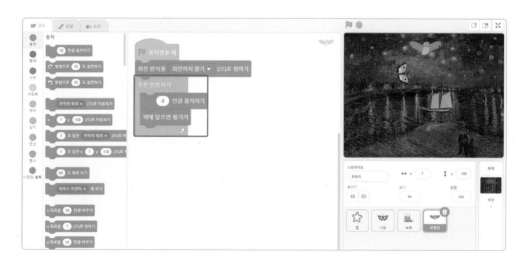

Tip

스프라이트 회전 방식을 정하는 다른 방법

❶ 스프라이트를 선택한 후 스프라이트 영역에서 ❷ [방향]의 숫자를 클릭합니다. 이
어서 [방향 조절] 창이 나타나면 ❸ 회전 방식을 선택합니다.

- ↻ : 스프라이트를 모든 방향으로 회전시킵니다.
- ▸◂ : 스프라이트를 왼쪽-오른쪽으로 회전시킵니다.
- ∅ : 스프라이트를 회전시키지 않습니다.

❸ ●의 형태 `다음 모양으로 바꾸기` 와 ●의 제어 `1 초 기다리기` 블록을 그림과 같이 연결하고 '1'초를 '0.1'초로 변경합니다.

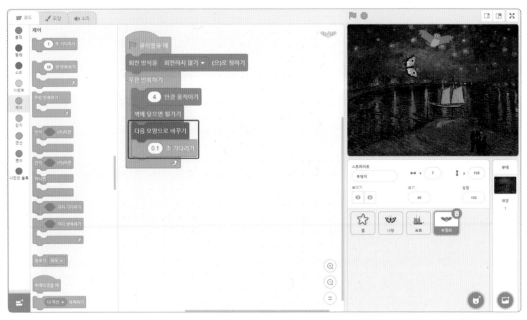

❹ '부엉이' 스프라이트의 스프라이트의 영역에서 [방향] 탭의 숫자를 클릭한 후 [방향 조절] 창이 나타나면 화살표를 클릭하여 원하는 각도로 드래그합니다.

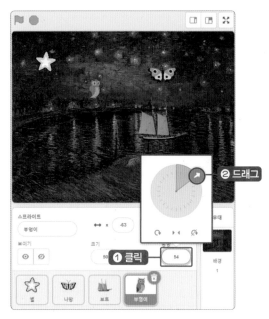

예제 **1** 예제 파일을 불러와 다음 조건에 맞게 코딩을 완성해 보세요.

조건

① '케이크'가 계속해서 반짝이고 '딸기'가 마우스를 따라 움직입니다.

② '푸드 트럭'과 '도넛'은 무대 안에서 자유롭게 움직입니다.

• 예제 파일 : 다이어트 절규.sb3 • 완성 파일 : 다이어트 절규(완성).sb3

예제 **2** 예제 파일을 불러와 다음 조건에 맞게 코딩을 완성해 보세요.

조건

① '이젤'은 계속해서 다음 모양으로 바뀌고 '벌레'는 마우스를 따라 다닙니다.

② '고양이'는 무대 안에서 왼쪽, 오른쪽으로 반복해서 움직입니다.

③ '쥐'는 모양을 계속 바꾸며 무대 안에서 자유롭게 움직입니다.

• 예제 파일 : 고흐의 방.sb3 • 완성 파일 : 고흐의 방(완성).sb3

Chapter 05

반복 : 주사위 놀이

학습목표

- 스프라이트를 클릭하면 명령이 실행되도록 하는 방법을 알아봅니다.
- 반복하기 블록이 감싸고 있는 블록들이 설정한 횟수만큼 반복해서 실행되도록 하는 방법을 알아봅니다.
- 난수를 만들어 사용하는 방법을 알아봅니다.
- 스프라이트의 방향과 각도를 변경하는 방법을 알아봅니다.

• 예제 파일 : 주사위 던지기.sb3 • 완성 파일 : 주사위 던지기(완성).sb3

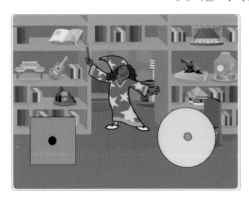

 미션 **문제 해결 과제 | 순차, 반복**

필요한 스프라이트(배경)

주요 명령 블록

동작	↻ 방향으로 15 도 회전하기	형태	다음 모양으로 바꾸기
소리	팝 ▾ 재생하기	이벤트	이 스프라이트를 클릭했을 때
제어	10 번 반복하기	연산	1 부터 10 사이의 난수

실행 화면 미리보기

시작 ➡ '마법 소녀' 클릭하면 신호 보내기 ➡ '네모 주사위' 모양 무작위로 바꾸기 ➡ '원 주사위' 모양 무작위 횟수로 바꾸기 ➡ 끝

1 **'마법 소녀' 클릭하면 다른 주사위에 신호 보내기**

❶ '주사위 던지기' 예제 파일을 불러옵니다. '마법 소녀' 스프라이트를 선택한 후 ◯의 [이 스프라이트를 클릭했을 때], 이벤트 [메시지1 ▾ 신호 보내기] 블록을 그림과 같이 연결하고 '메시지1'을 '모양변경'으로 변경합니다.

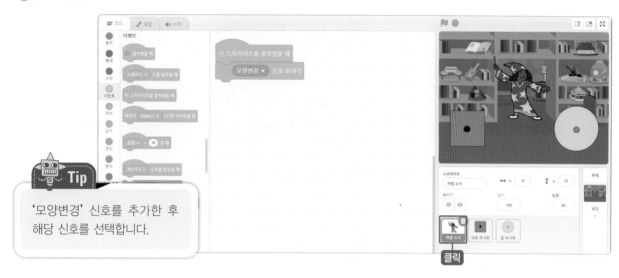

Tip

'모양변경' 신호를 추가한 후 해당 신호를 선택합니다.

2 **'네모 주사위' 모양 무작위로 변경하기**

❶ '네모 주사위' 스프라이트를 선택한 후 ◯의 [모양변경 ▾ 신호를 받았을 때], 이벤트 ◯의 [10 번 반복하기] 블록을 그림과 같이 제어 연결합니다.

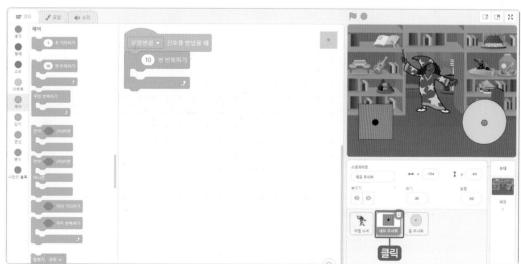

Tip

스프라이트 모양 확인하기

스프라이트를 선택한 후 [모양] 탭을 클릭하면 스프라이트의 다양한 모양들을 확인할 수 있습니다.

❷ 블록 안에 ● 의 모양을 1 ▾ (으)로 바꾸기 블록을 끼워 넣습니다. 이어서 '모양1' 칸에 ● 의
형태   연산
1 부터 10 사이의 난수 블록을 끼워 넣은 후 두 번째 칸 '10'을 '6'으로 변경합니다.

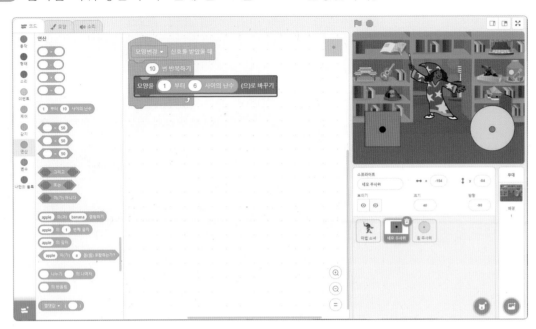

Tip

'네모 주사위' 스프라이트 모양의 개수가 6개이므로 난수를 1부터 6으로 지정합니다.

❸ ● 의 방향으로 15 도 회전하기 , ● 의 팝 ▾ 재생하기 , ● 의 1 초 기다리기 블록을 그림과 같이 연결하고
동작   소리   제어
'1'초를 '0.5'초로 변경합니다.

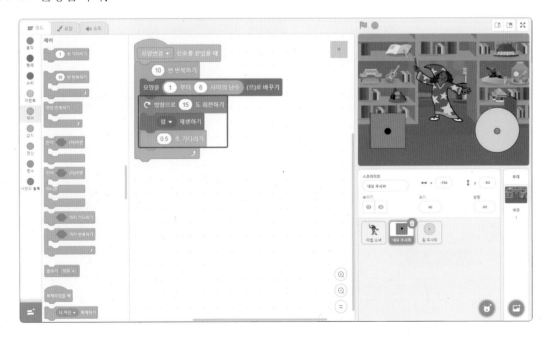

❹ 완성된 스크립트의 첫 번째 블록 위에서 ❶ 마우스 오른쪽 버튼을 클릭한 후 ❷ [복사하기]를 선택하여 ❸ 스크립트를 복사합니다.

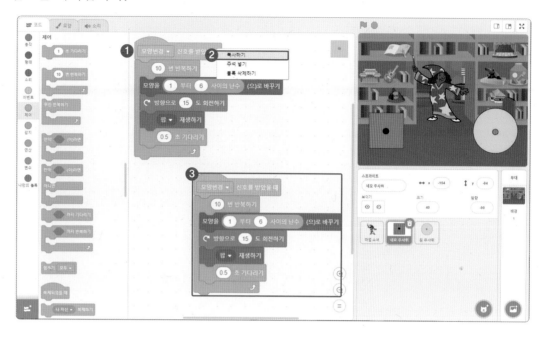

❺ 이어서 복사된 스크립트의 맨 위에 있는 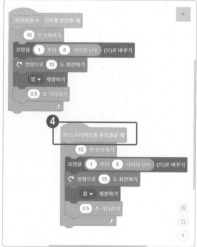 블록을 ❶ 마우스 오른쪽 버튼으로 클릭하고 ❷ [블록 삭제하기]를 선택합니다. ❸ 블록이 삭제된 것을 확인한 후 ❹ ⬤의 이벤트 블록을 스크립트 맨 위에 연결합니다.

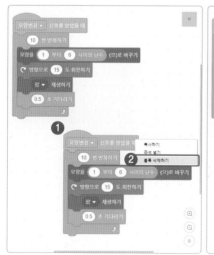
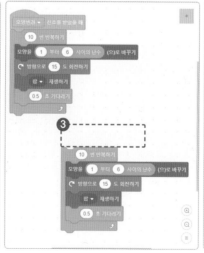
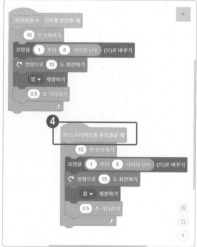

❶ '원 주사위' 스프라이트를 선택한 후 ⬤의 모양변경 신호를 받았을 때 , ⬤의 10 번 반복하기 블록을 그림과 같이
이벤트 제어
연결하고 ⬤의 1 부터 10 사이의 난수 블록을 '10' 칸에 끼워 넣습니다.
연산

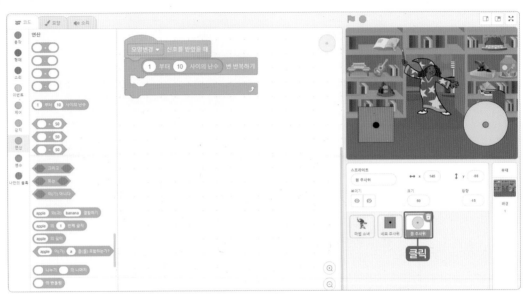

❷ ⬤의 다음 모양으로 바꾸기 , ⬤의 ↻ 방향으로 15 도 회전하기 블록을 그림과 같이 연결합니다.
형태 동작

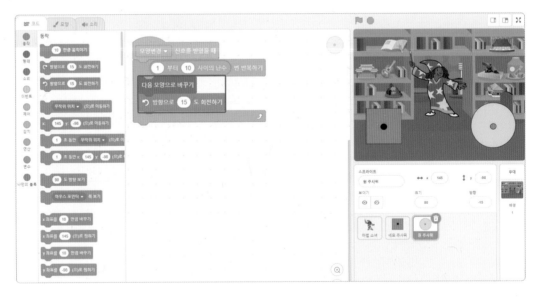

 Tip

스크립트 복사하기

• 전체를 복사할 때 : 스크립트의 맨 위 블록을 마우스 오른쪽 버튼으로 클릭한 후 [복사하기] 클릭
• 중간부터 복사할 때 : 복사하고 싶은 영역의 첫 번째 블록을 마우스 오른쪽 버튼으로 클릭한 후 [복사하기] 클릭

❸ ●의 [팝 ▾ 재생하기], ●의 [1 초 기다리기] 블록을 그림과 같이 연결하고 '1'초를 '0.5'초로 변경합니다.

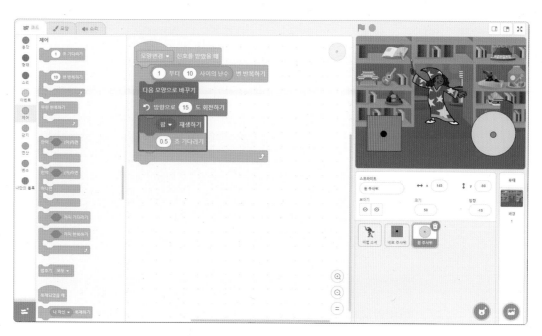

❹ 이어서 ❶ [모양변경 ▾ 신호를 받았을 때] 블록 위에서 마우스 오른쪽 버튼을 클릭한 후 ❷ [복사하기]를 클릭합니다. ❸ 스크립트가 복사되면 [모양변경 ▾ 신호를 받았을 때] 블록 위에서 마우스 오른쪽 버튼을 클릭하고 ❹ [블록 삭제하기]를 클릭한 후 ❺ [이 스프라이트를 클릭했을 때] 블록을 스크립트 맨 위에 연결합니다.

Chapter 05 더 만들어 보기

예제 1 예제 파일을 불러와 다음 조건에 맞게 코딩을 완성해 보세요.

조건
① 'A Team', 'B Team' 중 하나를 클릭하면 '시작' 신호를 보내고 게임을 시작합니다.
② 신호를 받은 'A Team'은 난수만큼 반복하여 모양을 바꾸고 소리를 재생합니다.
③ 신호를 받은 'B Team'은 난수로 모양을 바꾸고 소리를 재생합니다.

• 예제 파일 : 가위 바위 보.sb3 • 완성 파일 : 가위 바위 보(완성).sb3

예제 2 예제 파일을 불러와 다음 조건에 맞게 코딩을 완성해 보세요.

조건
① '시작 버튼'을 클릭하면 '시작' 신호를 보내고 모양을 10번 바꿉니다.
② 신호를 받은 'Bule Team'은 난수만큼 반복하여 모양을 바꾸고 소리를 재생합니다.
③ 신호를 받은 'Red Team'은 난수로 모양을 바꾸고 소리를 재생합니다.

• 예제 파일 : 숫자게임.sb3 • 완성 파일 : 숫자게임(완성).sb3

 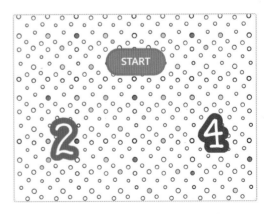

즐거운 코딩 ②
이카루스의 무지개

 다음의 조건을 이용해 코딩을 완성해 보세요.

① '이카루스'를 클릭하면 무대 안에서 계속해서 움직입니다.

② '이카루스'를 클릭하면 '모양 바꾸기' 신호를 보낸 후 소리를 재생하고 모양을 변경합니다.

③ '태양'을 클릭하면 오른쪽으로 계속해서 회전하고 '모양 바꾸기' 신호를 받으면 '10'번 동안 모양을 변경합니다.

④ 'Rainbow 1', 'Rainbow 2'는 '모양 바꾸기' 신호를 받으면 모양을 무작위로 변경합니다.

• 예제 파일 : 이카루스의 무지개.sb3   • 완성 파일 : 이카루스의 무지개(완성).sb33

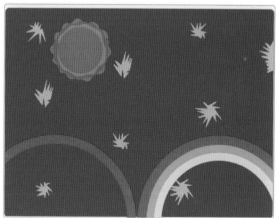

⭐ 코딩 이야기

❶ '이카루스' 스프라이트를 선택합니다. 프로그램이 실행되면 '이카루스' 스프라이트가 계속해서 무대 안에서 움직이도록 코딩합니다.

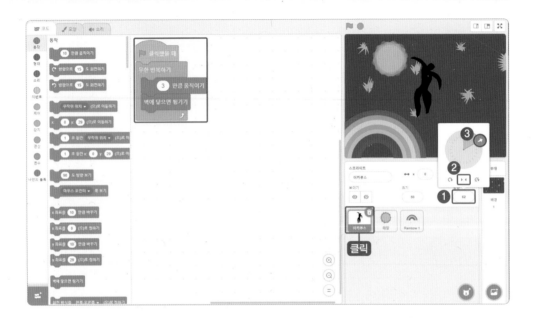

❷ '이카루스' 스프라이트를 클릭하면 '모양 바꾸기' 신호를 보낸 후 소리를 재생하고 모양을 변경하도록 코딩합니다.

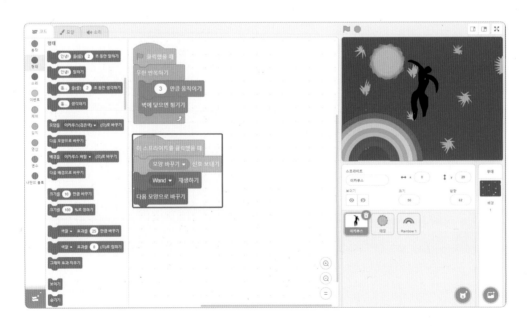

❸ '태양' 스프라이트를 선택한 후 프로그램이 시작되면 '태양' 스프라이트가 계속해서 시계 방향으로 회전하도록
코딩합니다.

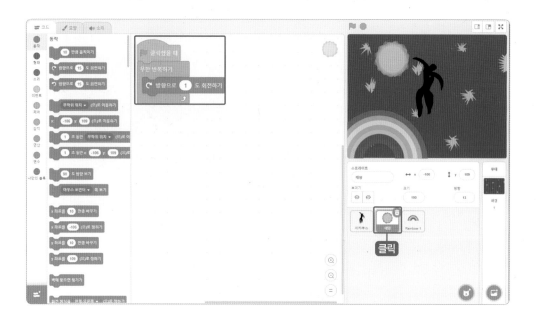

❹ '태양' 스프라이트가 '모양 바꾸기' 신호를 받으면 '10'번 동안 반복하며 모양을 변경하도록 코딩합니다.

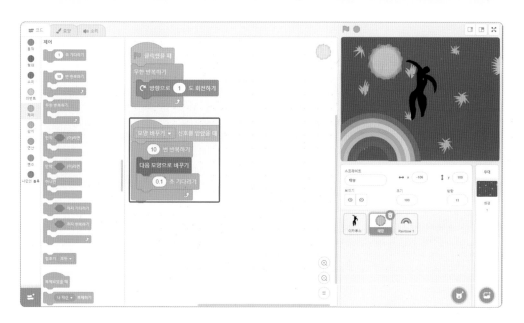

❺ 'Rainbow 1' 스프라이트를 선택한 후 'Rainbow 1' 스프라이트가 '모양 바꾸기' 신호를 받으면 '10'번 동안 반복하여 난수로 모양이 변경되도록 코딩합니다.

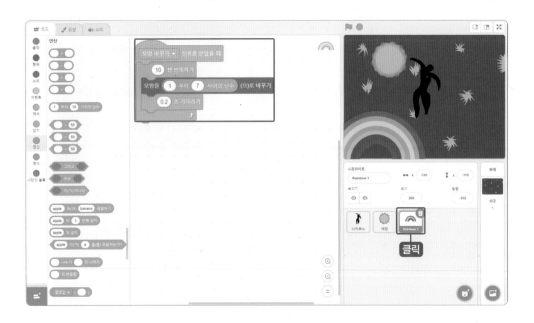

❻ 'Rainbow 1' 스프라이트를 선택하고 마우스 오른쪽 버튼을 클릭한 후 [복사]를 클릭하여 스프라이트를 복사합니다. 이어서 스프라이트를 적당한 위치로 이동시킵니다.

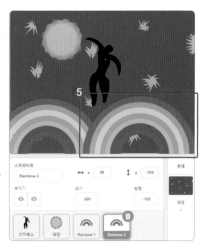

Chapter

07

학습목표

조건 : 병아리의 술래잡기

● 조건 구조에 대한 개념을 이해합니다.

● 조건을 만족하면 명령을 실행하는 방법을 알아봅니다.

● 키보드의 방향키를 이용해 스프라이트를 움직이는 방법을 알아봅니다.

● 좌표 개념과 무대 화면에 좌표를 표시하는 방법을 알아봅니다.

• 예제 파일 : **병아리**.sb3 • 완성 파일 : **병아리(완성)**.sb3

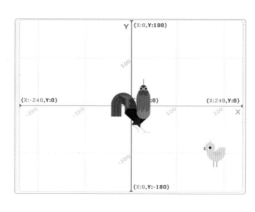 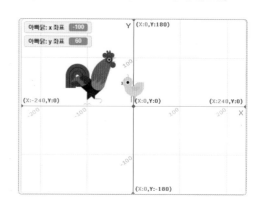

미션 문제 해결 과제 │ **순차, 조건**

필요한 스프라이트(배경)	주요 명령 블록

동작

1 초 동안 무작위 위치 ▾ (으)로 이동하기   x 좌표를 10 만큼 바꾸기

y 좌표를 10 만큼 바꾸기

이벤트

스페이스 ▾ 키를 눌렀을 때

제어

만일 ◇ (이)라면

감지

마우스 포인터 ▾ 에 닿았는가?

실행 화면 미리보기

시작 ➡ 방향키로 '아빠닭' 움직이기 ➡ '병아리'가 '아빠닭'에 닿으면 무작위 위치로 이동하기 ➡ '아빠닭'의 x, y좌푯값 표시하기 ➡ 끝

'아빠닭'에 닿으면 '병아리' 무작위 위치로 이동시키기

❶ '병아리' 예제 파일을 불러온 후 '병아리' 스프라이트를 선택합니다. ⬤의 이벤트 [메시지1 ▾ 신호를 받았을 때] , ⬤의 제어 만약 ◆ (이)라면 블록을 그림과 같이 연결한 후 '메시지1'을 '아빠닭'으로 변경합니다.

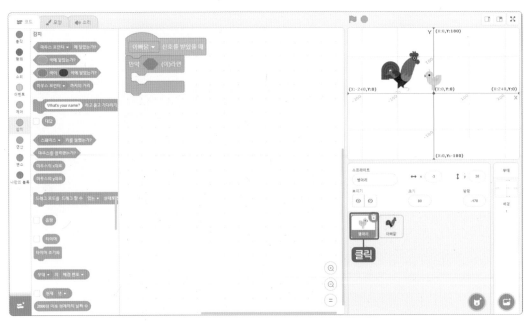

❷ 만약 ◆ (이)라면 블록의 ◆ 안에 ⬤의 감지 ⟨마우스 포인터 ▾ 에 닿았는가?⟩ 블록을 끼워 넣고 '마우스 포인터'를 '아빠닭'으로 변경합니다.

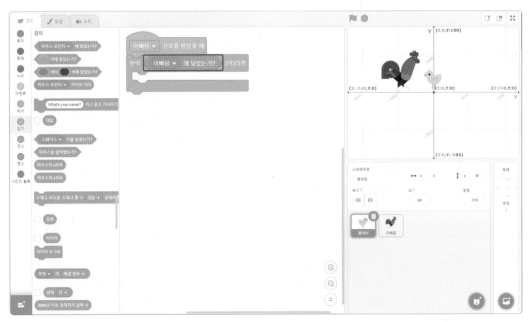

❸ 이어서 ●의 소리 [병아리 ▾ 재생하기] , ●의 동작 [1 초 동안 무작위 위치 ▾ (으)로 이동하기] , ●의 형태 [다음 모양으로 바꾸기] 블록을 그림과 같이 연결합니다.

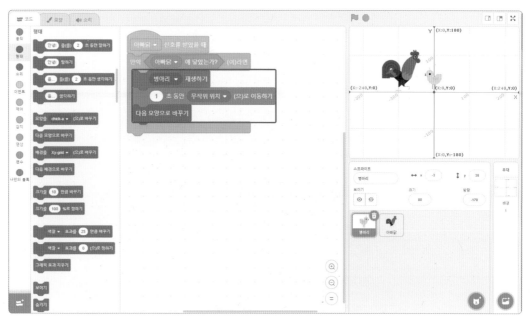

아빠닭이 움직일 때마다 '아빠닭' 신호를 보내게 되면 병아리는 '아빠닭' 신호를 받을 때마다 아빠닭에 닿았는지 확인합니다. 이때 '만약 아빠닭에 닿았는가?'가 참이 되면 명령 블록들을 실행하게 됩니다.

2 키보드 방향키로 '아빠닭' 움직이기

❶ '아빠닭' 스프라이트를 선택한 후 ●의 이벤트 [스페이스 ▾ 키를 눌렀을 때] , ●의 동작 [x좌표를 10 만큼 바꾸기] 블록을 그림과 같이 연결하고 '스페이스'를 '오른쪽 화살표'로 변경합니다.

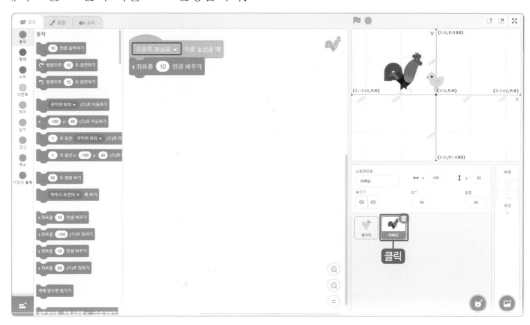

❷ 이어서 ⬤_{형태}의 [다음 모양으로 바꾸기], ⬤_{이벤트}의 [아빠닭 ▾ 신호 보내기] 블록을 그림과 같이 연결합니다.

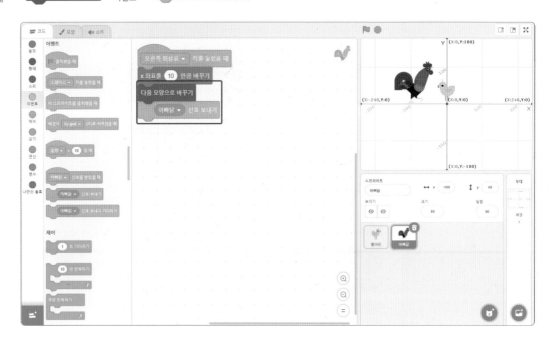

❸ 완성된 스크립트의 ❶ 첫 번째 블록을 마우스 오른쪽 버튼으로 클릭한 후 ❷ [복사하기]를 클릭하여
❸ 스크립트를 복사합니다.

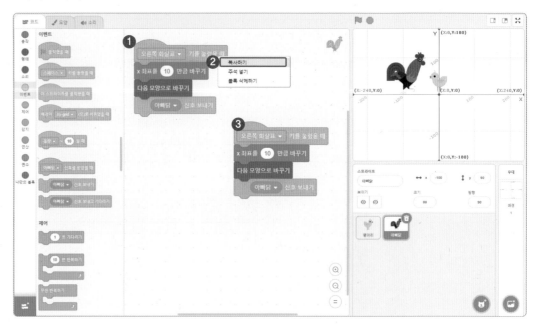

Tip

다른 방법으로 스크립트 복사하기

복사를 원하는 스크립트를 클릭합니다. Ctrl+C 키를 누르면 스크립트가 복사되고 Ctrl+V 키를 누르면 복사된
스크립트가 붙여 넣어집니다.

❹ 복사된 스크립트의 '오른쪽 화살표'를 '왼쪽 화살표'로, x좌푯값 '10'을 '−10'으로 각각 변경합니다.

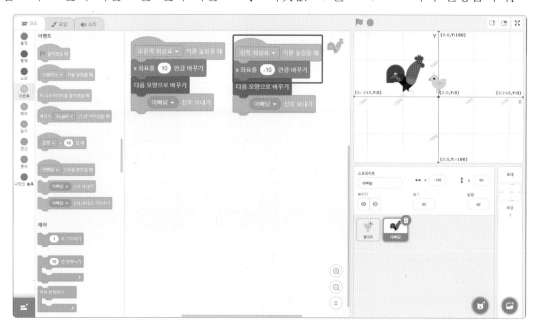

스프라이트 좌우로 움직이기

• x좌표를 양수인 '10'만큼 바꾸기로 지정하면 스프라이트가 오른쪽으로 이동합니다.
• x좌표를 음수인 '−10'만큼 바꾸기로 지정하면 스프라이트가 왼쪽으로 이동합니다.

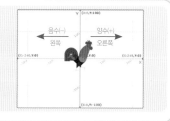

❺ 이벤트의 스페이스 키를 눌렀을 때 , 동작의 y좌표를 10 만큼 바꾸기 , 형태의 다음 모양으로 바꾸기 , 이벤트의 아빠닭 신호 보내기 블록을 그림과 같이 연결한 후 '스페이스'를 '위쪽 화살표'로 변경합니다.

❻ ❸~❹와 같은 방법으로 ❶ 완성된 스크립트의 첫 번째 블록을 마우스 오른쪽 버튼으로 클릭한 후 ❷ [복사하기]를 클릭하여 복사하고 ❸ 복사된 스크립트에서 방향은 '아래쪽 화살표'로, y좌푯값은 '−10'으로 각각 변경합니다.

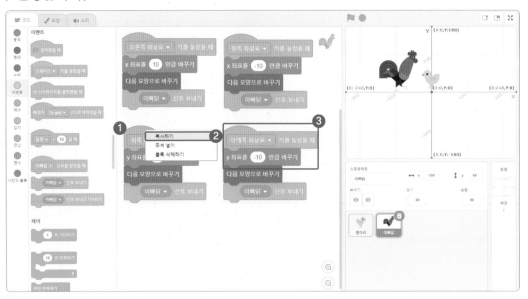

 Tip

스프라이트 상하로 움직이기
• y좌표를 양수인 '10'만큼 바꾸기로 지정하면 스프라이트가 위쪽으로 이동합니다.
• y좌표를 음수인 '−10'만큼 바꾸기로 지정하면 스프라이트가 아래쪽으로 이동합니다.

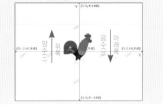

3 **'아빠닭'의 x, y좌푯값 표시하기**

❶ 블록 팔레트 영역에서 ⬤을 선택한 후 그림과 같이 x좌표와 y좌표를 체크하여 활성화하면 무대 영역에 아빠닭의 x좌표와 y좌표가 표시됩니다.

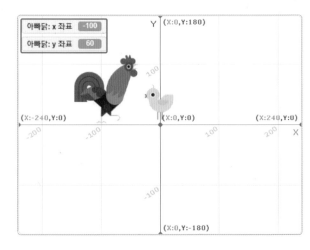

Chapter 07

더 만들어 보기

예제 1 예제 파일을 불러와 다음 조건에 맞게 코딩을 완성해 보세요.

조건

① 키보드의 방향키로 '호빗'의 위치를 이동시킵니다.

② '보석'이 '호빗'에 닿으면 소리를 재생하고 모양을 변경한 후 무작위 위치로 이동합니다.

③ 무대 영역에 '호빗'의 x, y좌표가 표시됩니다.

• 예제 파일 : 보석 찾기.sb3   • 완성 파일 : 보석 찾기(완성).sb3

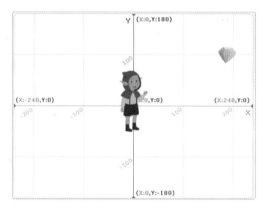 

예제 2 예제 파일을 불러와 다음 조건에 맞게 코딩을 완성해 보세요.

조건

① 키보드의 방향키로 '축구선수'의 위치를 이동시킵니다.

② '축구공'이 '축구선수'에 닿으면 소리를 재생한 후 무작위 위치로 이동합니다.

③ 무대 영역에 '축구공'의 x, y좌표가 표시됩니다.

• 예제 파일 : 축구 운동.sb3   • 완성 파일 : 축구 운동(완성).sb3

Chapter 08

조건 : 방 탈출 게임

학습목표

- 조건 구조에 대한 개념을 이해합니다.
- 조건을 만족하는지 여부에 따라 명령을 실행하는 방법을 알아봅니다.
- 질문을 하고 대답하는 방법을 알아봅니다.

· 예제 파일 : 방탈출 게임.sb3 · 완성 파일 : 방탈출 게임(완성).sb3

미션 문제 해결 과제 | 순차, 조건

| 필요한 스프라이트(배경) | 주요 명령 블록 |

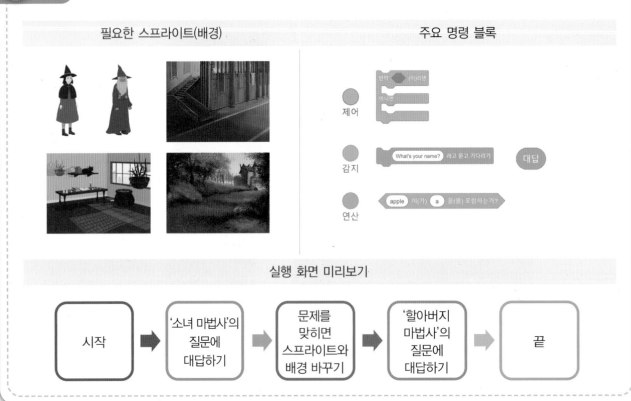

실행 화면 미리보기

시작 → '소녀 마법사'의 질문에 대답하기 → 문제를 맞히면 스프라이트와 배경 바꾸기 → '할아버지 마법사'의 질문에 대답하기 → 끝

❶ '방탈출 게임' 예제 파일을 불러온 후 '소녀 마법사' 스프라이트를 선택합니다. ⬤의 _{이벤트} ▢클릭했을 때, ⬤의 _{형태} 보이기 , 배경을 글자의 방 ▾ (으)로 바꾸기 블록을 그림과 같이 연결합니다.

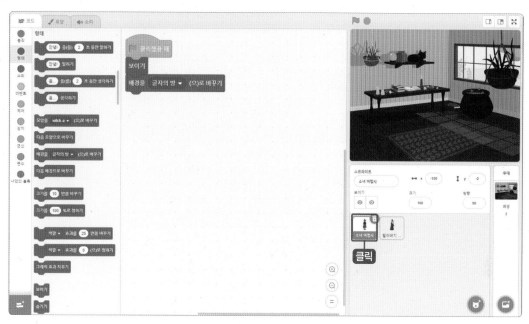

❷ ⬤의 _{형태} 안녕! 을(를) 2 초 동안 말하기 블록을 그림과 같이 연결하고 '안녕!'을 '퀴즈를 맞혀야 방에서 탈출할 수 있어!'로, '2'초를 '5'초로 각각 변경합니다.

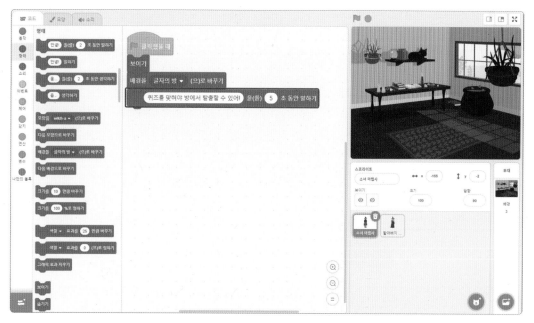

❸ 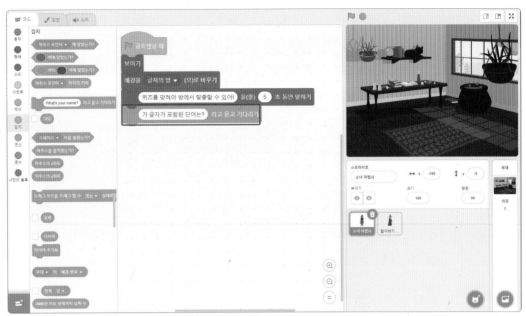의 ⬤⬤⬤ `What's your name?` 라고 묻고 기다리기 블록을 그림과 같이 연결한 후 'What's your name?'을 '가 글자가 포함된 단어는?'으로 변경합니다.

❹ ⬤의 🔲🔲 블록을 연결한 후 ⬡ 안에 ⬤의 `apple 이(가) a 을(를) 포함하는가?` 블록을 끼워 넣습니다. 그리고 'apple' 칸에 ⬤의 `대답` 블록을 끼워 넣고 'a'를 '가'로 변경합니다.

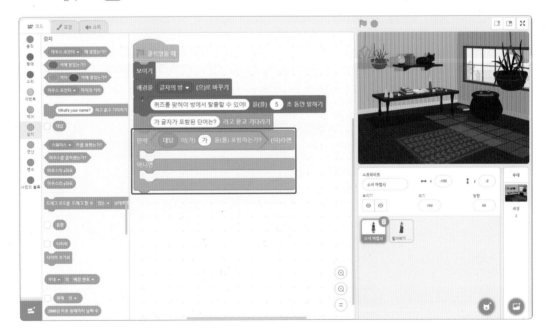

❺ 이어서 형태의 `안녕! 을(를) 2 초 동안 말하기` , `숨기기` , `배경을 글자의 방 ▾ (으)로 바꾸기` 블록을 그림과 같이 연결하고 '안녕!'을
'정답! 다음 방으로!'로, '글자의 방'을 '숫자의 방'으로 각각 변경합니다.

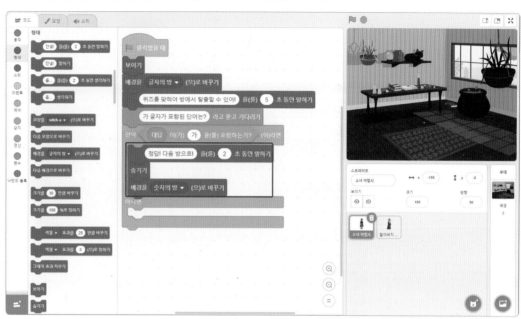

❻ 형태의 `안녕! 말하기` 블록을 그림과 같이 연결하고 '안녕!'을 '실패! 이 방에서 못 나가!'로 변경합니다.

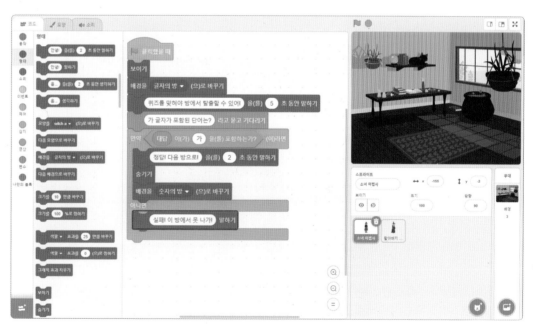

 Tip

`apple 이(가) a 을(를) 포함하는가?` 블록은 한글, 영어, 숫자가 포함되어 있는지 확인할 수 있으며, 한 글자뿐만 아니라 두 글자
이상 포함되어 있는지도 확인할 수 있습니다.

❶ '할아버지 마법사' 스프라이트를 선택한 후 이벤트의 ▢ 클릭했을 때 , 형태의 ▢ 보이기 블록을 그림과 같이 연결합니다.

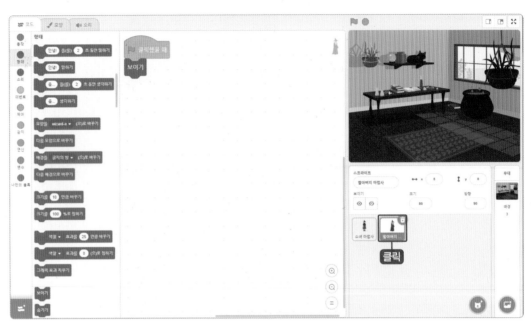

❷ 이벤트의 ▢ 배경이 글자의 방 ▾ (으)로 바뀌었을 때 , 형태의 ▢ 보이기 , ▢ 안녕! 을(를) 2 초 동안 말하기 블록을 그림과 같이 연결하고 '글자의 방'을 '숫자의 방'으로, '안녕!'을 '계속 바뀌는 비밀 숫자를 맞혀야 탈출할 수 있어!'로, '2초'를 '5'초로 각각 변경합니다.

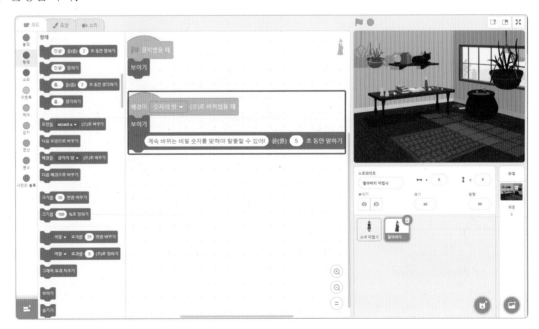

❸ 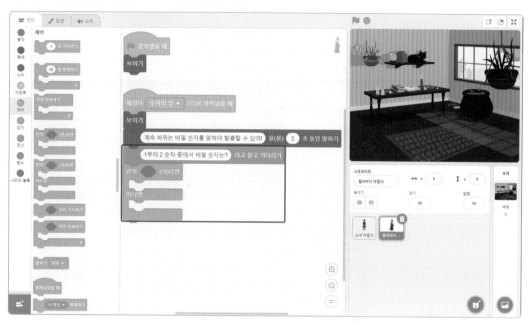의 `What's your name?` 라고 묻고 기다리기 , ●의 블록을 그림과 같이 연결하고 'What's your name?'을
'1부터 2 숫자 중에서 비밀 숫자는?'으로 변경합니다.

❹ ⬡ 안에 ●의 `◯ = 50` 블록을 끼워 넣은 후 첫 번째 칸에 ●의 `대답` 블록을 끼워 넣고 두
번째 칸에 ●의 `1 부터 10 사이의 난수` 블록을 끼워 넣습니다. 이어서 '10'을 '2'로 변경합니다.

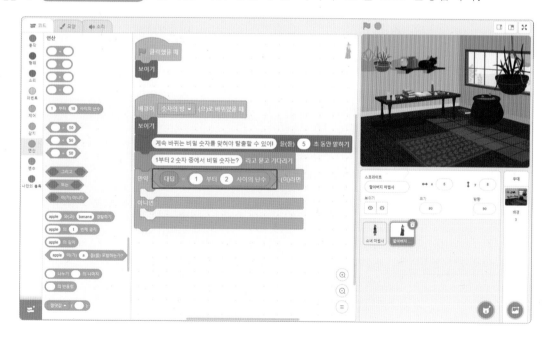

❺ ●의 형태 「안녕! 을(를) 2 초 동안 말하기」, 「숨기기」, 「배경을 글자의 방 ▾ (으)로 바꾸기」 블록을 그림과 같이 연결한 후 '안녕!'을 '탈출을 축하해!'로, '글자의 방'을 '탈출'로 각각 변경합니다.

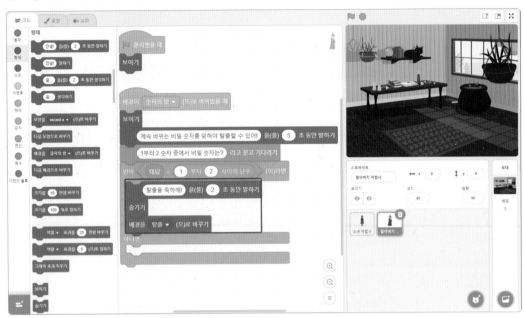

❻ 이어서 ●의 형태 「안녕! 을(를) 2 초 동안 말하기」, 「배경을 글자의 방 ▾ (으)로 바꾸기」 블록을 그림과 같이 연결한 후 '안녕!'을 '실패! 다시 도전해봐!'로, '글자의 방'을 '숫자의 방'으로 각각 변경합니다.

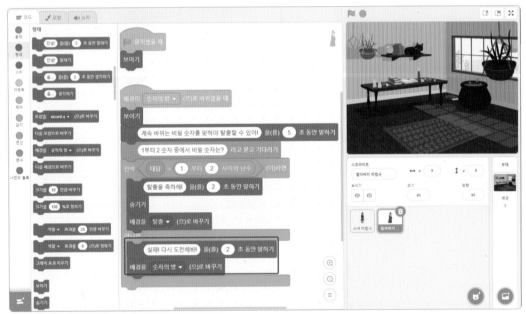

Tip

난수의 범위를 '1부터 2 사이'보다 크게 설정하면 숫자를 맞힐 수 있는 확률이 줄어들게 되어 숫자의 방 탈출을 어렵게 만들 수 있습니다.

Chapter 08 더 만들어 보기

예제 1 예제 파일을 불러와 다음 조건에 맞게 코딩을 완성해 보세요.

조건
① '친구'가 '나랑 같이 여행을 갈래?'라고 물어봅니다.
② '예'라고 대답하면 배경이 바꾸고 아니면 '흥! 나도 싫어!'라고 말합니다.
③ 배경이 바뀌면 '가고 싶은 산이나 바다의 이름, 하나를 적어볼래?'라고 물어봅니다.
④ 대답에 '산'을 포함하면 배경을 '산'으로 바꾸고 아니면 배경을 '바다'로 바꿉니다.

• 예제 파일 : **여행을 떠나요.sb3** • 완성 파일 : **여행을 떠나요(완성).sb3**

예제 2 예제 파일을 불러와 다음 조건에 맞게 코딩을 완성해 보세요.

조건
① '출제자'가 '도전하려면 '도전'이라고 입력해!'라고 말합니다.
② '도전'을 입력하면 배경이 바뀌고 '숫자 1부터 3 중에서, 숫자를 골라봐'라고 물어봅니다.
③ 1부터 3 사이의 난수가 대답과 같으면 배경을 '파티장'으로 바꾼 후 '성공. 신나게 놀자'라고 말하고 아니면 '실패! 다시 도전해봐'라고 말합니다.

• 예제 파일 : **텔레파시 게임.sb3** • 완성 파일 : **텔레파시 게임(완성).sb3**

Chapter 09

즐거운 코딩 3

런닝맨

 다음의 조건을 이용해 코딩을 완성해 보세요.

① 키보드를 이용하여 '선수 1', '선수 2'를 움직입니다.

② '목표물'은 무작위 위치로 이동하고 아무 키를 누르면 '선수 1' 또는 '선수 2'에 닿았는지 확인합니다.

③ 각 선수에 닿으면 닿은 선수의 번호를 말하고 난수를 이용해 신호를 보내고 기다립니다.

④ '1' 신호를 받으면 '가' 글자가 포함된 단어를, '2' 신호를 받으면 알파벳 'a'가 포함된 단어를 맞히는 퀴즈를 냅니다.

• 예제 파일 : 런닝맨.sb3 • 완성 파일 : 런닝맨(완성).sb3

☆ 코딩 이야기

❶ '선수 1' 스프라이트를 선택하고 '상하좌우' 방향키를 이용하여 스프라이트가 이동하도록 코딩합니다.

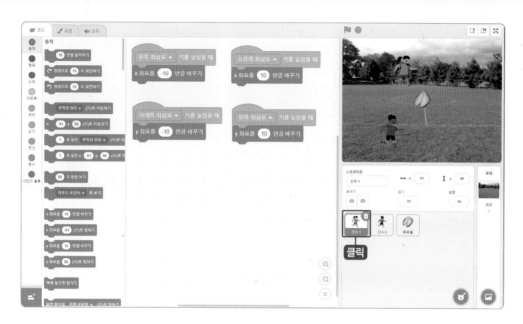

❷ '선수 2' 스프라이트를 선택하고 'A, D, S, W' 키를 이용하여 스프라이트가 이동하도록 코딩합니다.

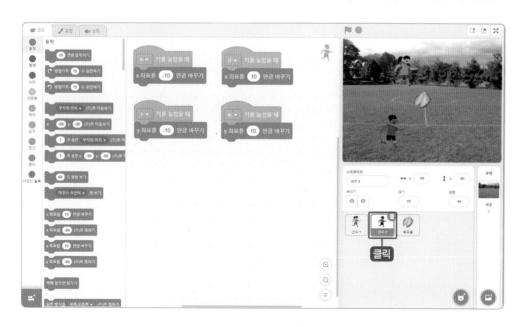

❸ '목표물' 스프라이트를 선택합니다. 아무 키를 눌렀을 때 '선수 1'에 닿으면 '선수 1'을 말하고 x:0, y:0 위치로 이동한 후 1부터 2 사이의 난수로 신호를 보내도록 코딩합니다.

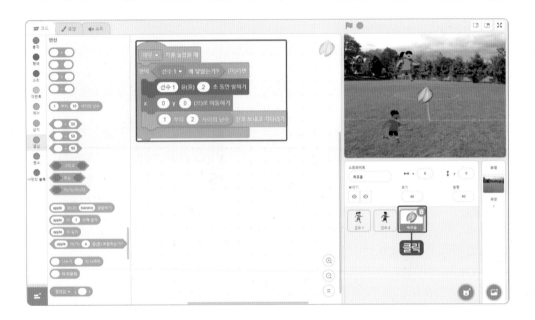

❹ '선수 2'에 닿으면 '선수 2'를 말하고 x:0, y:0 위치로 이동한 후 1부터 2 사이의 난수로 신호를 보내도록 코딩합니다.

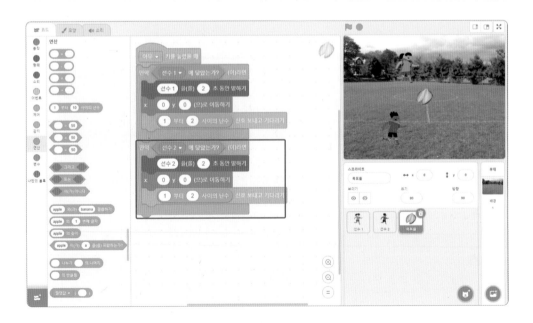

❺ '1' 신호를 받으면 '가 글자가 들어간 단어는?'을 묻고 대답에 '가'가 포함되면 '정답'을, 아니면 '오답'을 말한 후 무작위 위치로 이동하도록 코딩합니다.

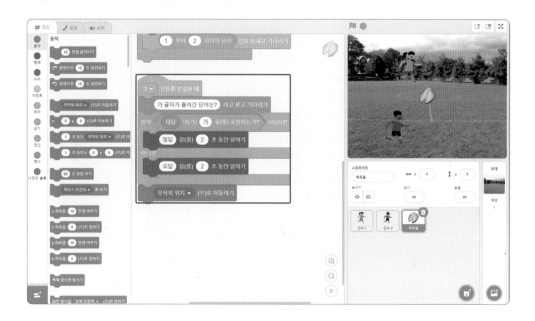

❻ '2' 신호를 받으면 '알파벳 a가 들어간 영단어는?'을 묻고 대답에 'a'가 포함되면 '정답'을, 아니면 '오답'을 말한 후 무작위 위치로 이동하도록 코딩합니다.

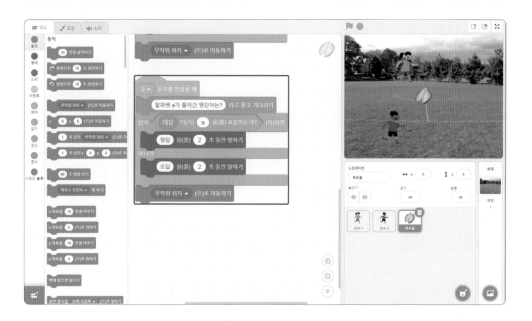

반복+조건 : 점프하는 공룡

- 반복 구조와 조건 구조를 함께 사용하는 개념을 이해합니다.
- [만약 참 이라면]과 [○ 키를 눌렀을 때] 블록을 결합하여 스프라이트를 움직이는 방법을 알아봅니다.
- 스프라이트가 지정한 색에 닿았을 때 모든 명령 블록을 멈추게 하는 방법을 알아봅니다.

• 예제 파일 : **점프점프**.sb3 • 완성 파일 : **점프점프(완성)**.sb3

미션 | 문제 해결 과제 | **순차, 반복, 조건**

| 필요한 스프라이트(배경) | 주요 명령 블록 |

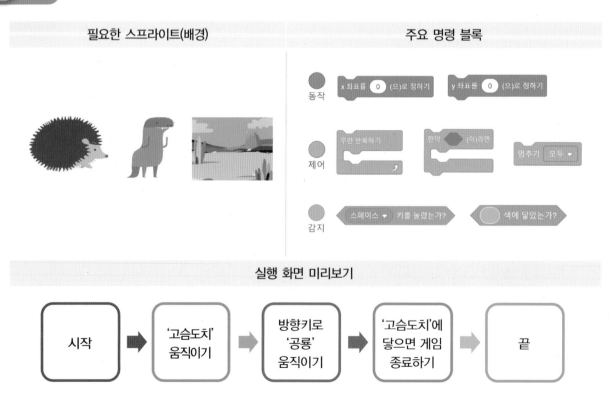

❶ '점프점프' 예제 파일을 불러온 후 '고슴도치' 스프라이트를 선택합니다. 이어서 ◯ 의 🚩 클릭했을 때 , 이벤트
● 의 회전 방식을 왼쪽-오른쪽 ▾ (으)로 정하기 블록을 그림과 같이 연결합니다.
동작

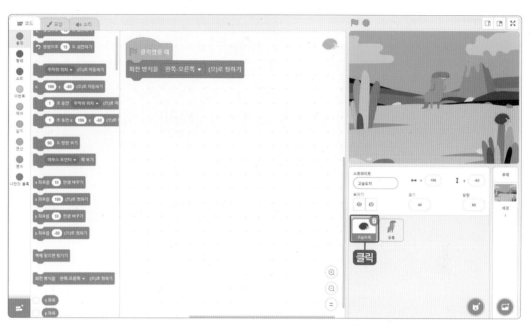

❷ ● 의 x 좌표를 0 (으)로 정하기 , y 좌표를 0 (으)로 정하기 블록을 그림과 같이 연결하고 x좌푯값을 '200', y좌푯값을 동작
'-70'으로 변경합니다.

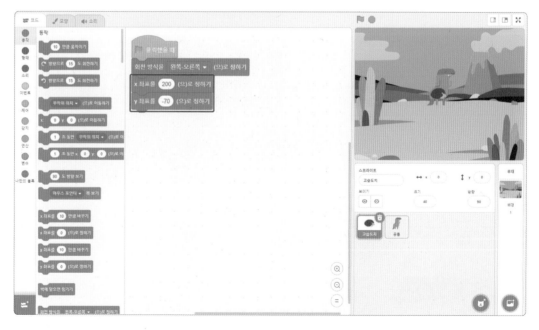

❸ ●제어의 [1 초 기다리기], [무한 반복하기] 블록을 그림과 같이 연결하고 '1'초를 '3'초로 변경합니다.

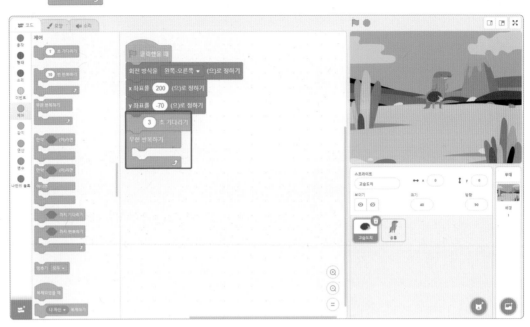

❹ ●동작의 [벽에 닿으면 튕기기], [10 만큼 움직이기] 블록을 그림과 같이 끼워 넣습니다. 이어서 '10' 칸에 ●연산의 [1 부터 10 사이의 난수] 블록을 끼워 넣고 '10'을 '20'으로 변경합니다.

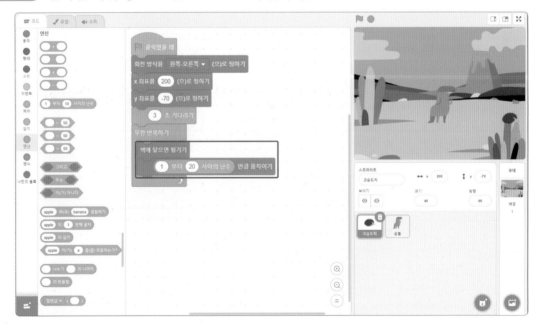

Tip

난수의 범위를 변경하면 고슴도치가 움직이는 속도를 변경하여 게임의 난이도를 조절할 수 있습니다.

❶ ‘공룡’ 스프라이트를 선택한 후 ⬤의 🏴 클릭했을 때, ⬤의 x좌표를 0 (으)로 정하기, y좌표를 0 (으)로 정하기 블록을
  그림과 같이 연결하고 x좌푯값을 ‘0’으로, y좌푯값을 ‘–50’으로 변경합니다.

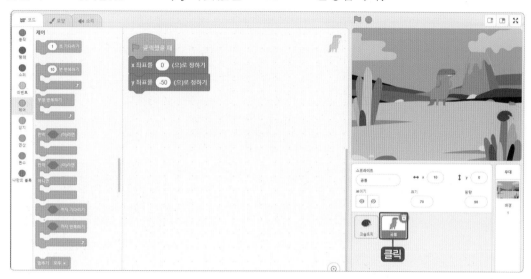

❷ ⬤의 모양을 공룡1 ▾ (으)로 바꾸기, ⬤의 무한 반복하기 블록을 그림과 같이 연결합니다.

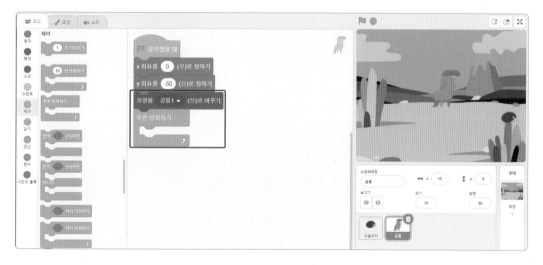

[시작하기] 버튼을 클릭하면 스프라이트의 위치가 현재 있던 자리에서 x좌표로 10만큼 움직이게 됩니다. [시작하기] 버튼을 계속 클릭하면 x좌표가 10만큼 더해지면서 계속 움직이게 됩니다.

[시작하기] 버튼을 클릭하면 스프라이트의 x좌표가 10으로 정해져 그 위치로 이동합니다. [시작하기] 버튼을 계속 클릭해도 스프라이트 위치는 변하지 않습니다.

❸ 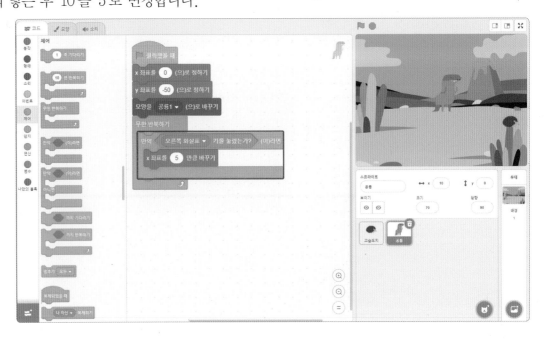 안에 ◔ 의 █블록을 끼워 넣은 후 ⬡ 안에 ◔ 의 ◁ 스페이스 ▾ 키를 눌렀는가? ▷ 블록을 끼워 넣고 '스페이스'를 '오른쪽 화살표'로 변경합니다. 이어서 █ 안에 동작 의 x좌표를 10 만큼 바꾸기 블록을 끼워 넣은 후 '10'을 '5'로 변경합니다.

❹ 이어서 ❸과 같은 방법으로 블록을 연결한 후 그림과 같이 옵션값을 변경합니다.

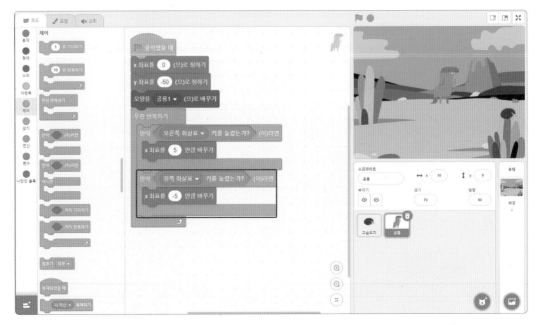

❺ 이어서 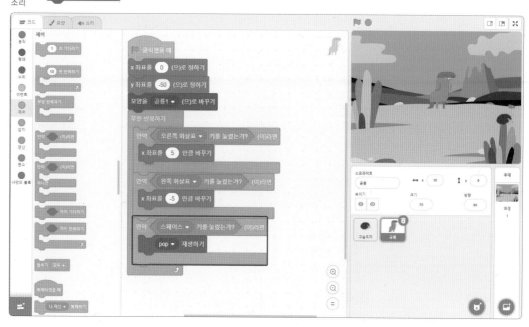 의 제어 블록을 연결한 후 안에 감지 의 스페이스 ▾ 키를 눌렀는가? 블록을 끼워 넣습니다. 그리고 소리 의 pop ▾ 재생하기 블록을 그림과 같이 끼워 넣습니다.

❻ 동작 의 y 좌표를 10 만큼 바꾸기, 제어 의 1 초 기다리기 블록을 그림과 같이 연결한 후 y좌푯값을 '50'과 ' – 50'으로 각각 변경합니다.

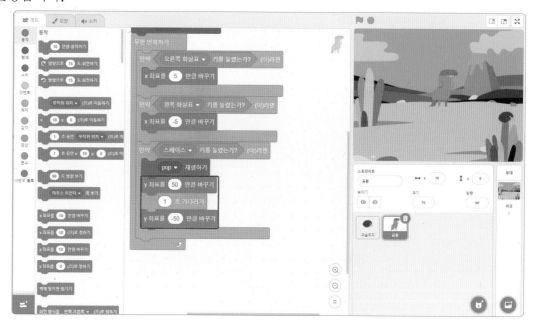

❼ ●의 [만약 ◆ (이)라면] 블록을 연결한 후 ◆ 안에 ●의 [◯ 색에 닿았는가?] 블록을 끼워 넣습니다. 이어서
❶ 블록 안의 색을 클릭하여 색상 정보창이 나타나면 ❷ 📈 아이콘을 클릭한 후 ❸ 마우스 포인터를
무대 영역으로 옮겨 색상을 선택할 수 있는 동그라미 초점이 생기면 고슴도치 몸에 있는 색을 클릭합
니다.

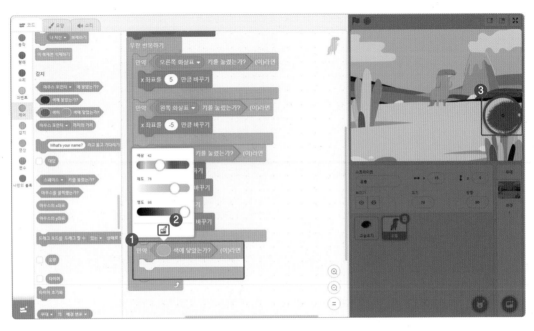

❽ ●의 [모양을 공룡1 ▾ (으)로 바꾸기], ●의 [멈추기 모두 ▾] 블록을 그림과 같이 연결하고 '공룡1'을 '공룡2'로 변경
합니다.

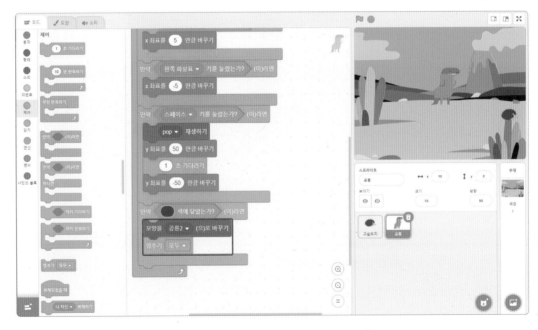

더 만들어 보기

예제 1 예제 파일을 불러와 다음 조건에 맞게 코딩을 완성해 보세요.

조건

① '기사'와 '박쥐'의 시작 위치를 지정합니다.

② '박쥐'는 계속해서 좌우로 계속 날아다닙니다.

③ '기사'는 방향키를 이용해 좌우로 움직이고 스페이스 키를 누르면 '박쥐'를 피해 아래로 내려갔다가 제자리로 돌아옵니다.

④ '기사'가 '박쥐'에 닿으면 모양이 바뀌고 프로그램이 종료됩니다.

• 예제 파일 : 겁쟁이 기사.sb3   • 완성 파일 : 겁쟁이 기사(완성).sb3

예제 2 예제 파일을 불러와 다음 조건에 맞게 코딩을 완성해 보세요.

조건

① '원숭이'와 '바나나'의 시작 위치를 지정합니다.

② '바나나'는 계속해서 좌우로 움직이고 '원숭이'에 닿으면 모양을 숨깁니다.

③ '원숭이'는 방향키를 이용해 좌우로 움직이며 스페이스 키를 누르면 점프하여 '바나나'를 피합니다.

• 예제 파일 : 무서운 바나나.sb3   • 완성 파일 : 무서운 바나나(완성).sb3

Chapter 11

반복+조건 : 디지털 캔버스

학습목표

● 반복 구조와 조건 구조를 합쳐 사용하는 개념을 이해합니다.

● [펜]을 이용하여 그림을 그리는 방법을 알아봅니다.

● 스프라이트가 마우스를 계속해서 따라다니게 하는 방법을 알아봅니다.

● 스프라이트를 클릭하면 무대 배경을 바꾸는 방법을 알아봅니다.

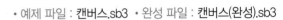

• 예제 파일 : 캔버스.sb3 • 완성 파일 : 캔버스(완성).sb3

 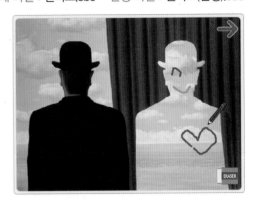

미션　문제 해결 과제 | 순차, 조건, 반복

필요한 스프라이트(배경)

주요 명령 블록

형태	다음 배경으로 바꾸기
감지	마우스를 클릭했는가?
제어	무한 반복하기 / 만약 〈 〉(이)라면 / 만약 〈 〉(이)라면 아니면
펜	모두 지우기 / 펜 내리기 / 펜 올리기 / 펜 굵기를 1 (으)로 정하기 / 펜 색깔을 ● (으)로 정하기

실행 화면 미리보기

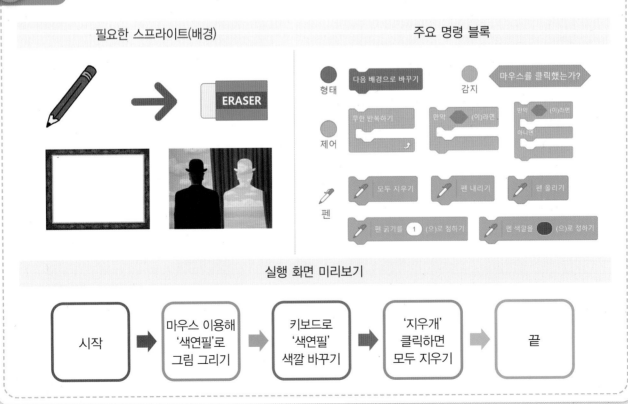

시작 → 마우스 이용해 '색연필'로 그림 그리기 → 키보드로 '색연필' 색깔 바꾸기 → '지우개' 클릭하면 모두 지우기 → 끝

❶ '캔버스' 예제 파일을 불러온 후 '색연필' 스프라이트를 선택합니다. ⬤의 이벤트 이 스프라이트를 클릭했을 때 , ✏의 펜 펜 굵기를 1 (으)로 정하기 블록을 그림과 같이 연결하고 '1'을 '3'으로 변경합니다.

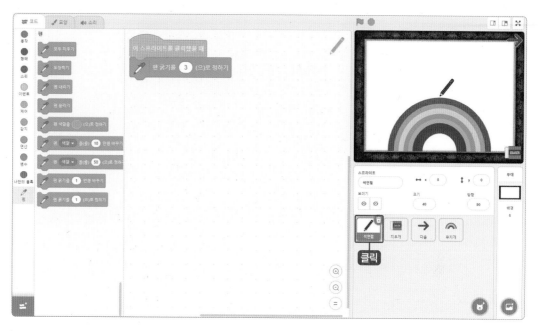

❷ ⬤의 무한 반복하기 , ⬤의 무작위 위치 ▾ (으)로 이동하기 블록을 그림과 같이 연결하고 '무작위 위치'를 '마우스 제어 동작
포인터'로 변경합니다.

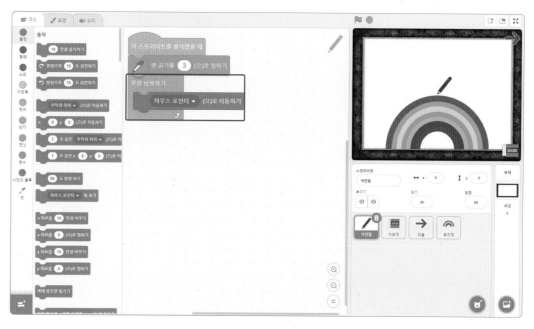

❸ 이어서 ⬤ 의 [블록], ⬤ 의 `마우스를 클릭했는가?` 블록을 그림과 같이 연결합니다.

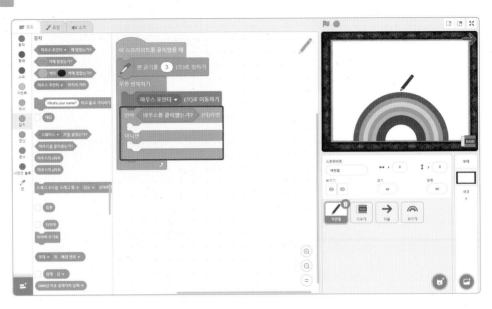

❹ 🖊 의 `펜 내리기`, `펜 올리기` 블록을 그림과 같이 각각 끼워 넣습니다.

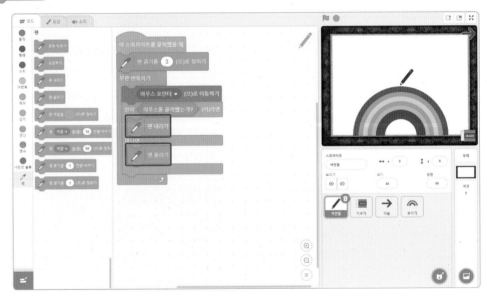

Tip

마우스를 클릭하고 있는 동안에만 '펜 내리기'가 실행되어 그림을 그릴 수 있으며 마우스 클릭을 해제하면 '펜 올리기'가 실행되어 그림 그리기를 멈출 수 있습니다.

❺ ●의 제어 ◆ 블록, 멈추기 모두 ▼ 블록과 ●의 감지 ◁ 스페이스 ▼ 키를 눌렀는가? ▷ 블록을 그림과 같이 연결한 후 '모두'를 '이 스크립트'로 변경합니다.

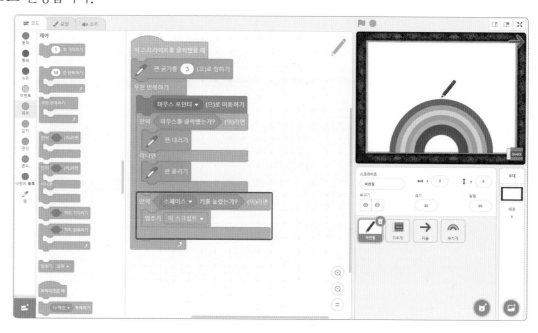

---

2 키보드로 '색연필'의 모양과 색깔 변경하기

❶ ●의 이벤트 ◁ 스페이스 ▼ 키를 눌렀을 때 ▷, ●의 형태 ◁ 모양을 빨 ▼ (으)로 바꾸기 ▷ 블록을 그림과 같이 연결한 후 '스페이스'를 '1'로 변경합니다.

❷ ✏️펜의 ![펜 색깔을 ⬤ (으)로 정하기] 블록을 연결합니다. 이어서 ❶ 블록 안의 색을 클릭하여 색상 정보창이 나타나면 ❷ 📷 아이콘을 클릭합니다.

❸ 마우스 포인터를 무대 화면으로 옮겨 무지개의 빨간색 부분을 클릭합니다.

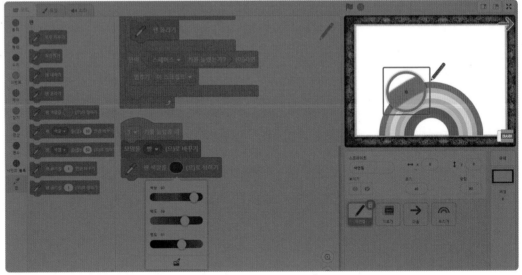

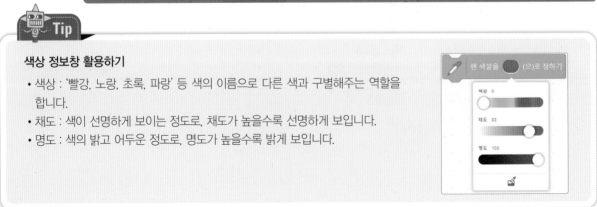

Tip

색상 정보창 활용하기
- 색상 : '빨강, 노랑, 초록, 파랑' 등 색의 이름으로 다른 색과 구별해주는 역할을 합니다.
- 채도 : 색이 선명하게 보이는 정도로, 채도가 높을수록 선명하게 보입니다.
- 명도 : 색의 밝고 어두운 정도로, 명도가 높을수록 밝게 보입니다.

④ ❶ 완성된 스크립트를 복사하여 붙여 넣은 후 ❷ 그림과 같이 옵션값을 변경합니다. 이어서 ❷와 같은 방법으로 ❸ 색상 정보창의 🖌️ 아이콘을 클릭하여 색상을 무지개의 '주황색'으로 변경합니다.

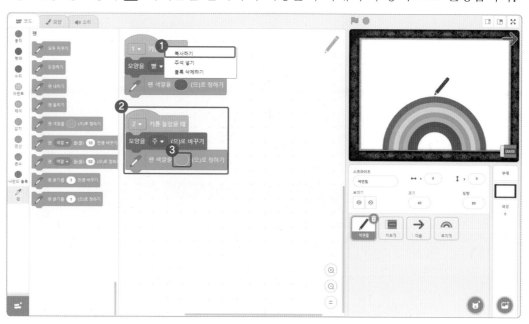

⑤ ④와 같은 방법으로 ❶ '3, 4, 5, 6, 7, 8' 키를 눌렀을 때 '노란색, 초록색, 파란색, 남색, 보라색, 흰색'을 그릴 수 있도록 그림과 같이 스크립트를 완성합니다. 이어서 ❷ '무지개' 스프라이트를 선택한 후 ❸ 숨기기를 클릭하여 무지개가 무대 화면에서 보이지 않도록 합니다.

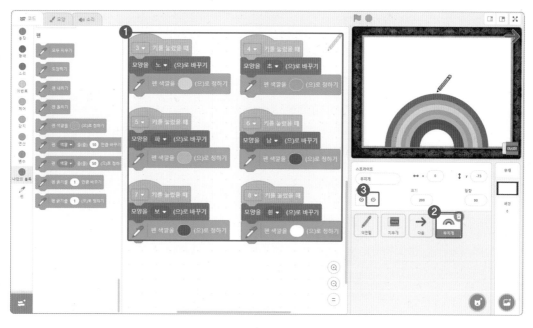

❶ '지우개' 스프라이트를 선택한 후 ⬤의 이 스프라이트를 클릭했을 때 , ✏의 모두 지우기 블록을 그림과 같이 연결합니다.

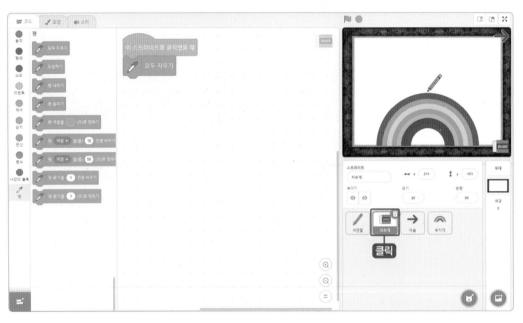

❷ 이어서 '다음' 스프라이트를 선택한 후 ⬤의 이 스프라이트를 클릭했을 때 , ✏의 모두 지우기 , ⬤의 다음 배경으로 바꾸기 블록을 그림과 같이 연결합니다.

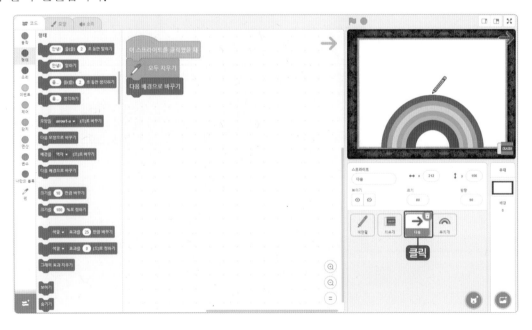

Chapter 11 더 만들어 보기

예제 1 예제 파일을 불러와 다음 조건에 맞게 코딩을 완성해 보세요.

조건
① 프로그램이 시작되면 모든 그림이 지워지고 마우스를 이용하여 그림을 그립니다.
② '위쪽' 화살표 키를 누르면 펜 굵기가 굵어지고 '아래쪽' 화살표 키를 누르면 펜 굵기가 얇아집니다.
③ 숫자 키를 이용하여 '색연필'의 모양과 색깔을 변경하고 '스페이스' 키를 누르면 색연필과 같은 모양의 도장이 찍힙니다.
④ '지우개'를 클릭하면 모든 그림을 지우고 '다음'을 클릭하면 모든 그림을 지운 후 배경을 바꿉니다.

• 예제 파일 : 캔버스 #2.sb3   • 완성 파일 : 캔버스 #2(완성).sb3

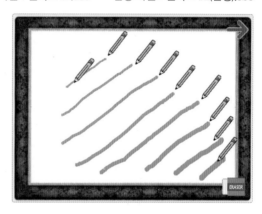

예제 2 예제 파일을 불러와 다음 조건에 맞게 코딩을 완성해 보세요.

조건
① 프로그램이 시작되면 '색연필'의 x, y좌푯값을 0으로 정하고 마우스를 이용하여 그림을 그립니다.
② '사과'를 클릭하면 '빨' 신호를, '바나나'를 클릭하면 '노' 신호를, '수박'을 클릭하면 '초' 신호를 보냅니다.
③ '빨' 신호를 받은 '색연필'은 모양과 펜 색깔이 빨간색으로, '노' 신호를 받으면 노란색으로, '초' 신호를 받으면 초록색으로 바뀝니다.

• 예제 파일 : 캔버스 #3.sb3   • 완성 파일 : 캔버스 #3(완성).sb3

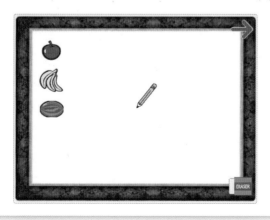

즐거운 코딩 ④

낙서는 재밌어!

 다음의 조건을 이용해 코딩을 완성해 보세요.

① 화살표 키를 이용하여 '낙서쟁이'가 그림을 그리도록 합니다.

② 펜의 색깔을 계속해서 바꿉니다.

③ '단속봇'은 '낙서쟁이'를 계속 따라다닙니다.

④ '단속봇'이 '낙서쟁이'에 닿으면 '낙서 하지매'라고 말한 후 그림을 모두 지우고 다음 배경으로 변경합니다.

• 예제 파일 : **낙서.sb3**   • 완성 파일 : **낙서(완성).sb3**

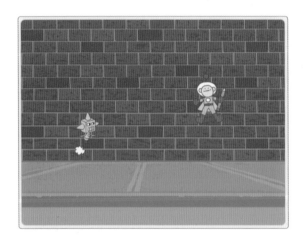

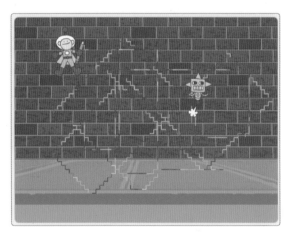

⭐ 코딩 이야기

❶ '배경 고르기'를 클릭하여 원하는 배경을 선택합니다. 이 과정을 3번 반복하여 배경이 4개가 되도록 합니다.

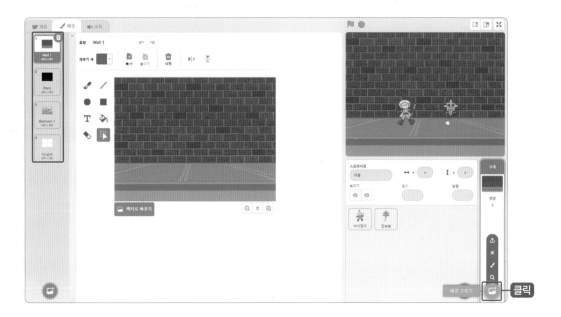

❷ '낙서쟁이' 스프라이트를 선택한 후 프로그램이 시작되면 모든 그림을 지우고 계속해서 펜 색깔이 바뀌며 그림을 그리도록 코딩합니다.

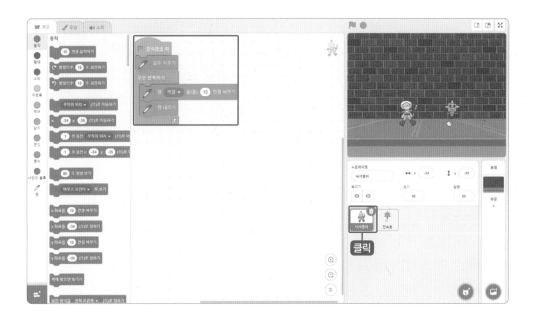

❸ 키보드의 방향키를 이용하여 '상하좌우'로 움직이도록 코딩합니다.

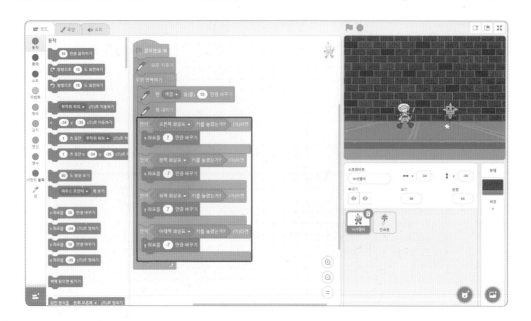

❹ '단속봇' 스프라이트를 선택한 후 '아무' 키를 누르면 회전 방식을 '왼쪽-오른쪽'으로 정하고 '2'초 동안 '낙서 하지마!'라고 말하도록 코딩합니다.

❺ '단속봇'이 '낙서쟁이'에 닿으면 그림을 모두 지우고 다음 배경으로 변경한 후 해당 스크립트를 멈추도록 코딩합니다.

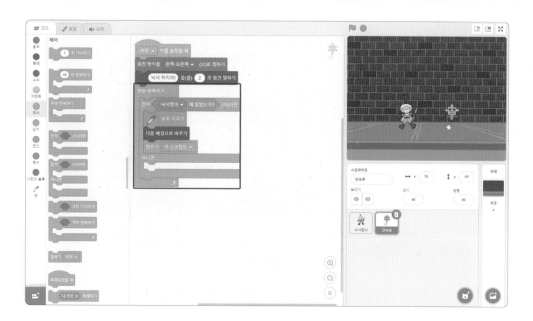

❻ '단속봇'이 '낙서쟁이'에 닿지 않으면 모양을 변경하며 '낙서쟁이'를 따라 이동하도록 코딩합니다.

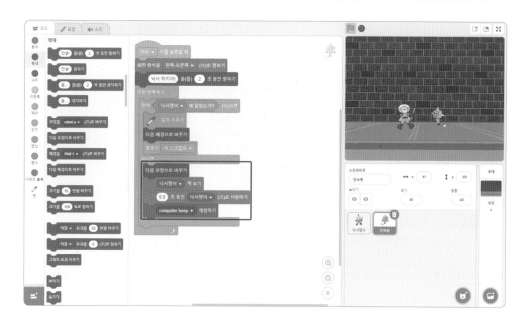

Chapter 13

반복+조건 : 방문객 스마트 감지기

학습목표

- 조건 구조를 이용하여 스프라이트를 움직이는 방법을 알아봅니다.
- 비교 연산을 통해 다른 스프라이트와의 거리를 확인하는 방법을 알아봅니다.
- 스프라이트의 x, y좌표 위치를 하나의 명령 블록으로 이동시키는 방법을 알아봅니다.

• 예제 파일 : 접근 감지기.sb3 • 완성 파일 : 접근 감지기(완성).sb3

미션 문제 해결 과제 | 순차, 반복, 조건

필요한 스프라이트(배경)

주요 명령 블록

동작   x: 0 y: 0 (으)로 이동하기   제어   까지 기다리기

소리   이서오세요 끝까지 재생하기   감지   마우스 포인터 ▼ 까지의 거리

이벤트   메시지1 ▼ 신호 보내고 기다리기   연산   < 50

실행 화면 미리보기

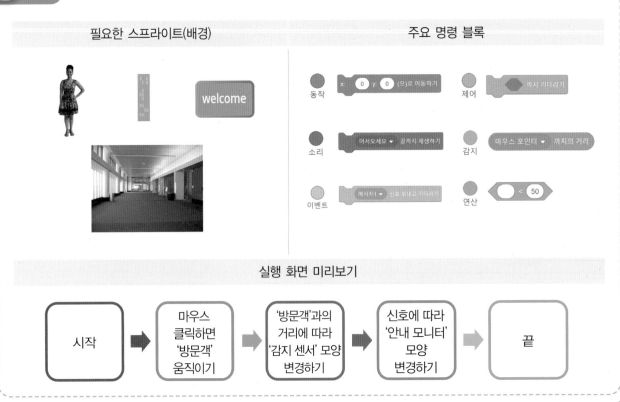

시작 → 마우스 클릭하면 '방문객' 움직이기 → '방문객'과의 거리에 따라 '감지 센서' 모양 변경하기 → 신호에 따라 '안내 모니터' 모양 변경하기 → 끝

❶ '접근 감지기' 예제 파일을 불러온 후 '방문객' 스프라이트를 선택합니다. ⬤의 ▶️ 클릭했을 때, ⬤의 동작의 x: 0 y: 0 (으)로 이동하기, 제어의 무한 반복하기 블록을 그림과 같이 연결한 후 x좌푯값을 '−150', y좌푯값을 '−60'으로 각각 변경합니다.

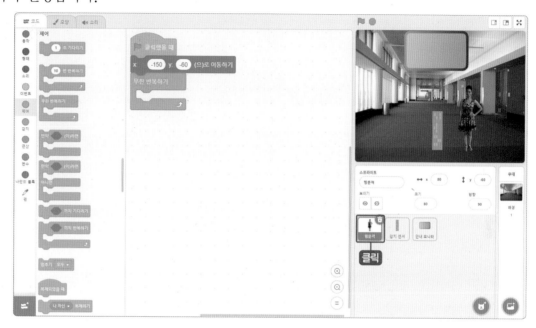

❷ ⬤의 10 만큼 움직이기, ⬤의 형태의 다음 모양으로 바꾸기, ⬤의 제어의 1 초 기다리기 블록을 그림과 같이 연결하고 '1' 초를 '0.2'초로 변경합니다.

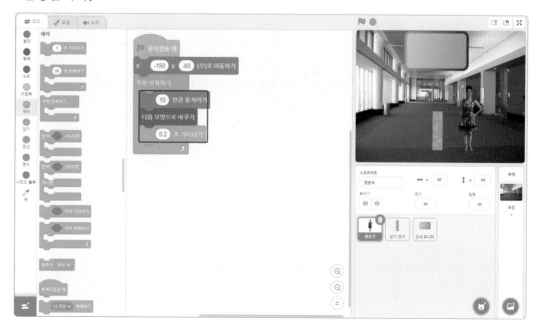

❸ ⬤의 만약 ⬤(이)라면 블록을 그림과 같이 연결한 후 ⬦ 안에 ⬤의 마우스 포인터 ▼ 에 닿았는가? 블록을
제어   감지
끼워 넣고 '마우스 포인터'를 '벽'으로 변경합니다.

❹ ⬤의 x: 0 y: 0 (으)로 이동하기, ⬤의 까지 기다리기 블록을 그림과 같이 연결하고 ⬦ 안에 ⬤의
동작   제어   감지
마우스를 클릭했는가? 블록을 끼워 넣습니다. 이어서 x좌푯값을 '-150', y좌푯값을 '-60'으로 각각 변경합
니다.

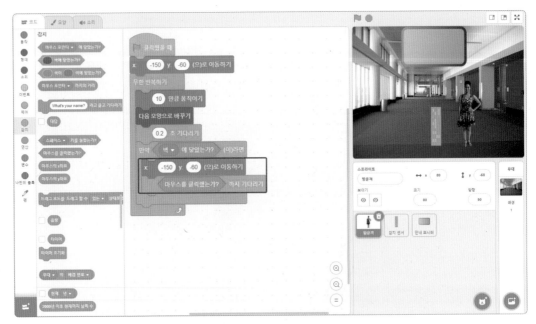

Tip

마우스를 클릭했는가? 블록 대신 스페이스 ▼ 키를 눌렀는가? 블록을 끼워 넣고 '스페이스'를 '화살표', '알파벳' '숫자' 키 등으로
변경하면 다양한 방법으로 스프라이트를 움직일 수 있습니다.

2 '방문객'과의 거리에 따라 신호 보내기

❶ '감지 센서' 스프라이트를 선택한 후 의 클릭했을 때, 의 무한 반복하기, 블록을 그림과 같이 연결합니다.

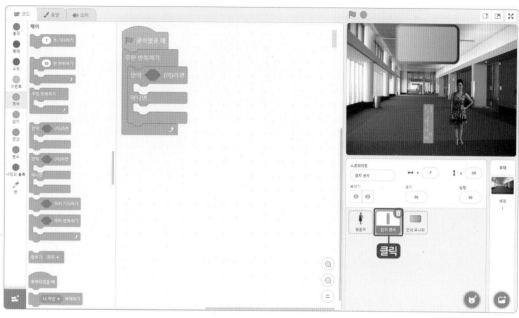

❷ 의 <50, 의 마우스 포인터 까지의 거리 블록을 그림과 같이 연결한 후 '마우스 포인터'를 '방문객'으로 변경하고 두 번째 칸의 '50'을 '20'으로 변경합니다.

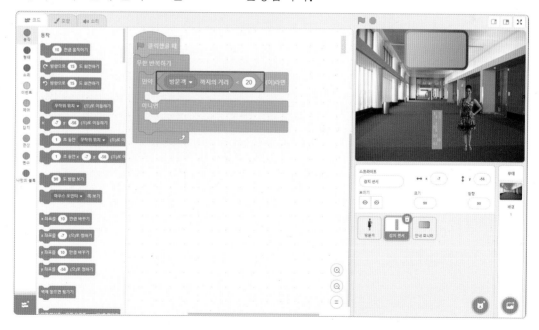

❸ ●의 모양을 꺼짐 ▼ (으)로 바꾸기 , ●의 메시지1 ▼ 신호 보내고 기다리기 블록을 그림과 같이 연결한 후 '꺼짐'을
    형태   이벤트
'커짐'으로, '메시지1'을 '접근'으로 각각 변경합니다.

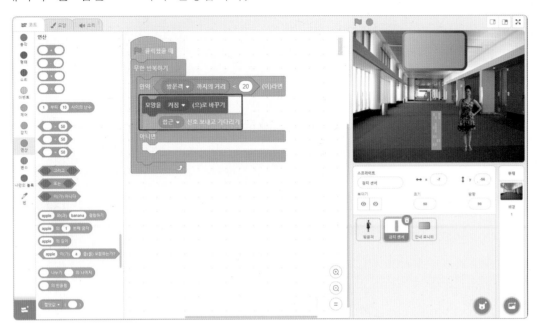

❹ 이어서 ●의 모양을 꺼짐 ▼ (으)로 바꾸기 , ●의 메시지1 ▼ 신호 보내고 기다리기 블록을 그림과 같이 연결한 후 '메
        형태   이벤트
시지1'을 '멀리'로 변경합니다.

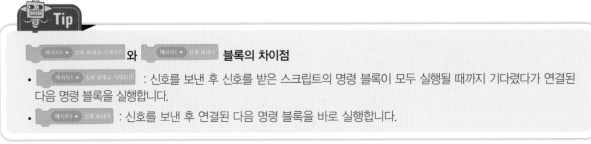

Tip

메시지1 ▼ 신호 보내고 기다리기 **와** 메시지1 ▼ 신호 보내기 **블록의 차이점**

• 메시지1 ▼ 신호 보내고 기다리기 : 신호를 보낸 후 신호를 받은 스크립트의 명령 블록이 모두 실행될 때까지 기다렸다가 연결된
다음 명령 블록을 실행합니다.

• 메시지1 ▼ 신호 보내기 : 신호를 보낸 후 연결된 다음 명령 블록을 바로 실행합니다.

❶ '안내 모니터' 스프라이트를 선택한 후 ●의 <mark>메시지1 ▼ 신호를 받았을 때</mark>, ●의 <mark>모양을 꺼짐 ▼ (으)로 바꾸기</mark> 블록을
  이벤트   형태
그림과 같이 연결한 후 '메시지1'을 '멀리'로 변경합니다.

❷ ●의 <mark>메시지1 ▼ 신호를 받았을 때</mark>, ●의 <mark>모양을 꺼짐 ▼ (으)로 바꾸기</mark>, ●의 <mark>어서오세요 ▼ 끝까지 재생하기</mark> 블록을 그림과 같이
  이벤트   형태   소리
연결한 후 '메시지1'을 '접근'으로, '꺼짐'을 '켜짐'으로 각각 변경합니다.

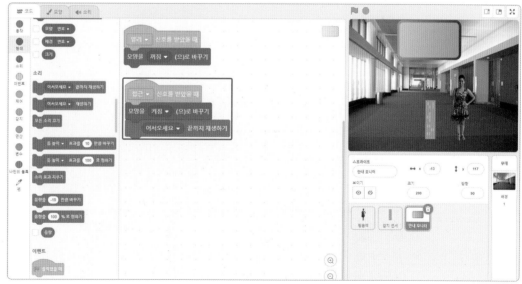

Tip

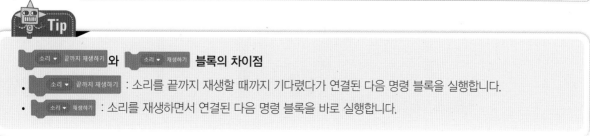

<mark>소리 ▼ 끝까지 재생하기</mark> 와 <mark>소리 ▼ 재생하기</mark> **블록의 차이점**

- <mark>소리 ▼ 끝까지 재생하기</mark> : 소리를 끝까지 재생할 때까지 기다렸다가 연결된 다음 명령 블록을 실행합니다.
- <mark>소리 ▼ 재생하기</mark> : 소리를 재생하면서 연결된 다음 명령 블록을 바로 실행합니다.

더 만들어 보기

예제 1 예제 파일을 불러와 다음 조건에 맞게 코딩을 완성해 보세요.

조건

① '고스트'는 계속해서 무작위 위치로 이동하면서 보였다 안 보였다 합니다.

② '탐지봉'은 '고스트'까지와의 거리를 말하고 '고스트'와의 거리에 따라 모양을 변경합니다.

③ '고스트 헌터'는 '고스트'와 멀어지면 '안전해요~'라고 말하고 가까워지면 '위험! 물러나세요!'라고 말합니다.

• 예제 파일 : <u>고스트 탐지기</u>.sb3 • 완성 파일 : <u>고스트 탐지기(완성)</u>.sb3

예제 2 예제 파일을 불러와 다음 조건에 맞게 코딩을 완성해 보세요.

조건

① '쥐'는 계속해서 무대 안에서 돌아다닙니다.

② '머핀'과 '도넛'은 '쥐'까지의 거리가 가까워지면 '접근' 신호를 보낸 후 색깔을 바꾸고 멀어지면 '멀리' 신호를 보냅니다.

③ '고양이'는 '멀리' 신호를 받으면 '쥐' 쪽을 바라보며 1만큼 움직이고, '접근' 신호를 받으면 '쥐' 쪽을 바라보며 2만큼 움직입니다.

• 예제 파일 : <u>음식 지키기</u>.sb3 • 완성 파일 : <u>음식 지키기(완성)</u>.sb3

반복+조건 : 니모를 찾아라!

● 조건과 반복이 결합된 [~까지 반복하기] 명령 블록을 이용하는 방법을 알아봅니다.
● 2가지 조건 중 하나만 충족되어도 참이 되는 논리 연산을 알아봅니다.
● 스프라이트를 복제하는 방법을 알아봅니다.
● 스프라이트의 크기를 변경하는 방법을 알아봅니다.

• 예제 파일 : 니모를 찾아라.sb3   • 완성 파일 : 니모를 찾아라(완성).sb3

미션 문제 해결 과제 | 순차, 반복, 조건

필요한 스프라이트(배경)	주요 명령 블록

형태 | 크기를 100 %로 정하기

제어 | ~까지 반복하기 | 복제되었을 때

나 자신 ▼ 복제하기

연산 | 또는

실행 화면 미리보기

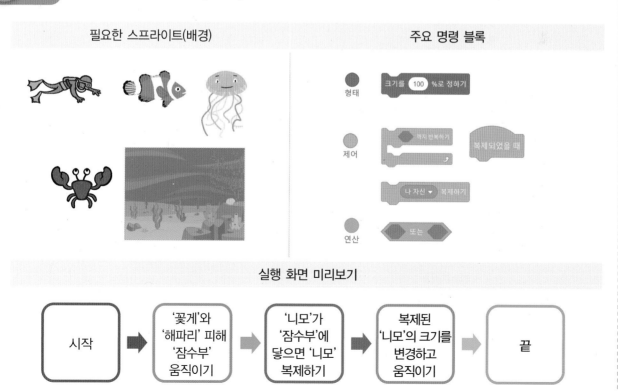

시작 → '꽃게'와 '해파리' 피해 '잠수부' 움직이기 → '니모'가 '잠수부'에 닿으면 '니모' 복제하기 → 복제된 '니모'의 크기를 변경하고 움직이기 → 끝

❶ '니모를 찾아라' 예제 파일을 불러온 후 '잠수부' 스프라이트를 선택합니다. ⬤의 ▨클릭했을때▨, 동작의 ▨x: 0 y: 0 (으)로 이동하기▨, ⬤의 ▨◆까지 반복하기▨ 블록을 그림과 같이 연결한 후 x, y좌푯값을 각각 '100'으로 변경합니다.

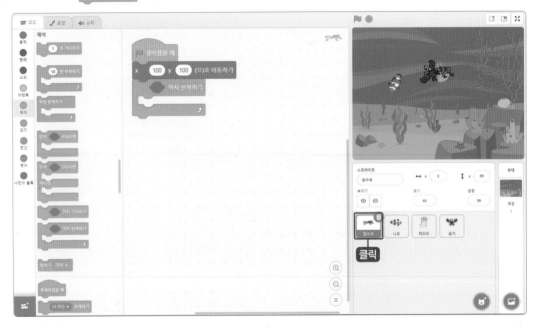

❷ ◆ 안에 ⬤의 ◆ 또는 ◆ 블록을 끼워 넣은 후 각 빈칸에 ⬤의 ◁마우스 포인터 ▼ 에 닿았는가?▷ 블록을 끼워 넣고 '마우스 포인터'를 '꽃게'와 '해파리'로 각각 변경합니다.

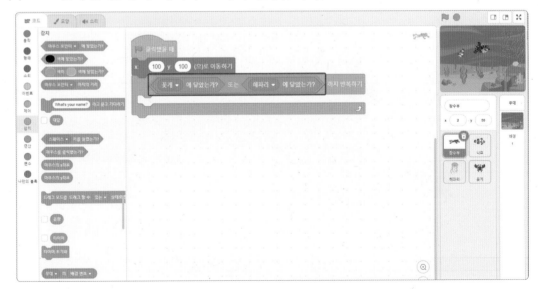

Tip

◆ 또는 ◆ 블록은 2개의 조건 중에서 '하나의 조건만' 만족시켜도 '참' 조건이 성립됩니다(예 꽃게나 해파리 중 하나만 닿아도 조건 성립).

◆ 그리고 ◆ 블록은 2개의 조건을 '모두' 만족시켜야 '참' 조건이 성립됩니다(예 꽃게와 해파리에 모두 닿아야 조건 성립).

❸ ●의 [10 만큼 움직이기], [마우스 포인터 ▼ 쪽 보기], ●의 [다음 모양으로 바꾸기] 블록을 그림과 같이 연결하고 '10'을
동작   형태
'5'로 변경합니다.

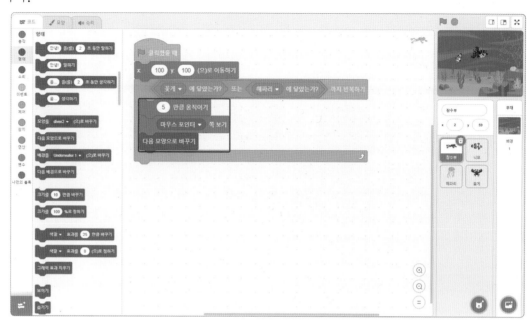

❹ ●의 [안녕! 을(를) 2 초 동안 말하기], ●의 [멈추기 모두 ▼] 블록을 그림과 같이 연결하고 '안녕!'을 '잡혔
형태   제어
다!'로 변경합니다.

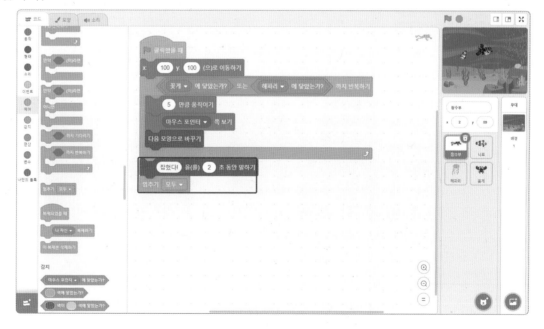

2 '니모'가 '잠수부'에 닿으면 자신 복제하기

❶ '니모' 스프라이트를 선택한 후 ⬤의 🏳클릭했을때, ⬤의 x: ⓪ y: ⓪ (으)로 이동하기 블록을 그림과 같이
   연결하고 x좌푯값을 '-200', y좌푯값을 '0'으로 각각 변경합니다.

❷ ⬤의 무한 반복하기, ⬤의 10 만큼 움직이기, 벽에 닿으면 튕기기 블록을 그림과 같이 연결하고 '10'을 '2'로 변경합
   니다.

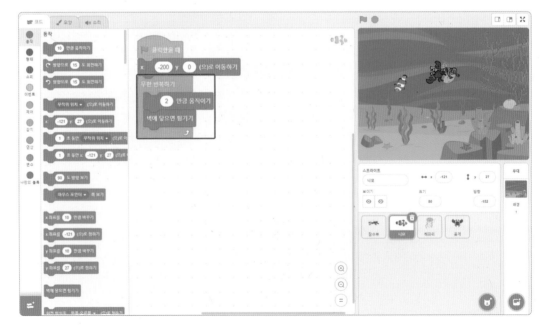

❸ ⬤ 의  블록을 그림과 같이 연결한 후 ◀▬▶ 안에 ⬤ 의 〈 마우스 포인터 ▼ 에 닿았는가? 〉 블록을 끼워
넣고 '마우스 포인터'를 '잠수부'로 변경합니다.

❹ ⬤ 의 〈 나 자신 ▼ 복제하기 〉, ⬤ 의 〈 색깔 ▼ 효과를 25 만큼 바꾸기 〉, 〈 안녕! 을(를) 2 초 동안 말하기 〉 블록을 그림과 같이 연
결하고 '안녕!'을 '성공'으로, '2'초를 '1'초로 각각 변경합니다.

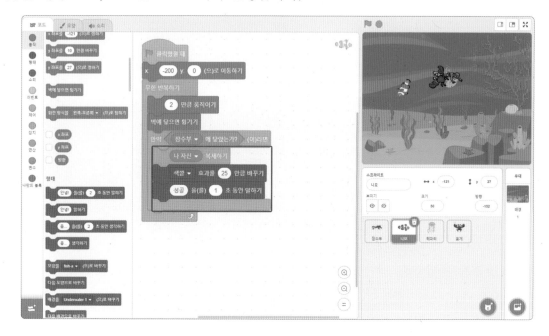

❺  ●의 복제되었을 때, ●의 bubbles 재생하기, ●의 크기를 100 %로 정하기 블록을 그림과 같이 연결하고
'100'%를 '30'%로 변경합니다.

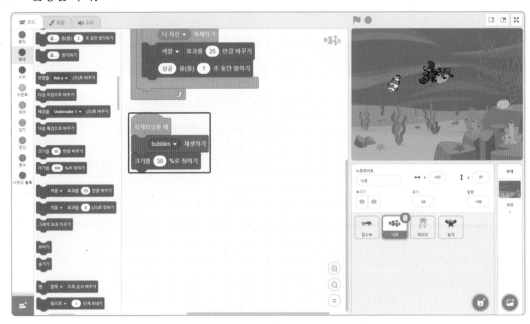

❻ ●의 무한 반복하기, ●의 10 만큼 움직이기, 벽에 닿으면 튕기기 블록을 그림과 같이 연결하고 '10'을 '2'로 변
경합니다.

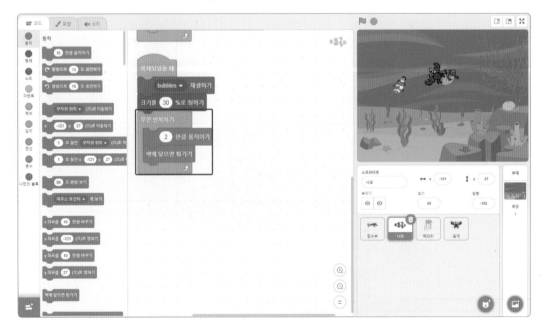

3 **'잠수부' 따라 '해파리'와 '꽃게' 이동시키기**

❶ '해파리' 스프라이트를 선택한 후 ⬤의 🏴클릭했을때 , ⬤의 x 0 y 0 (으)로 이동하기 , ⬤의 무한반복하기 블록을 그림과 같이 연결하고 x좌푯값을 '-200', y좌푯값을 '0'으로 각각 변경합니다.

❷ ⬤의 10만큼움직이기 , 벽에닿으면튕기기 , 마우스포인터쪽보기 블록을 그림과 같이 연결하고 '10'을 '2'로, '마우스 포인터'를 '잠수부'로 각각 변경합니다.

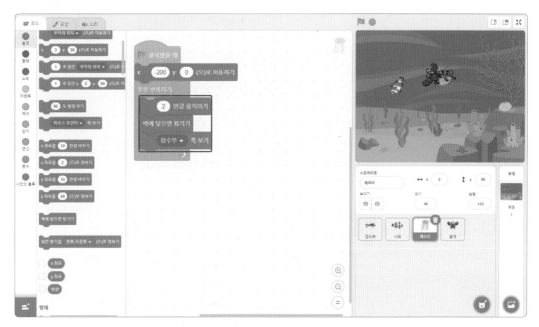

❸ '꽃게' 스프라이트를 선택한 후 의 [클릭했을 때], 의 [x: 0 y: 0 (으)로 이동하기], 의 [무한 반복하기] 블록을 그림과 같이 연결하고 x좌푯값을 '–200', y좌푯값을 '0'으로 각각 변경합니다.

❹ 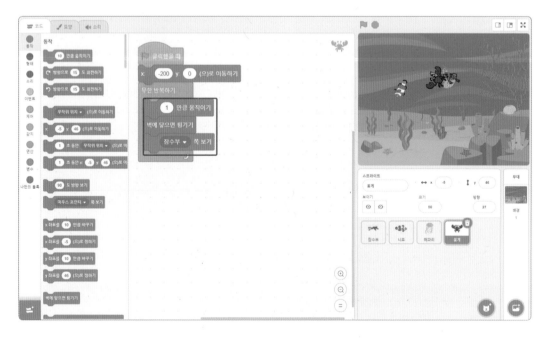의 [10 만큼 움직이기], [벽에 닿으면 튕기기], [마우스 포인터 ▼ 쪽 보기] 블록을 그림과 같이 연결하고 '10'을 '1'로, '마우스 포인터'를 '잠수부'로 각각 변경합니다.

예제 1 예제 파일을 불러와 다음 조건에 맞게 코딩을 완성해 보세요.

조건

① '박쥐'는 무대 안에서 계속해서 움직입니다.

② '해골유령'은 모양을 바꾸며 '모모'를 따라 움직입니다.

③ '모모'는 마우스를 따라 움직이며 '해골유령'에 닿으면 프로그램이 종료됩니다.

• 예제 파일 : 할로윈.sb3 • 완성 파일 : 할로윈(완성).sb3

예제 2 예제 파일을 불러와 다음 조건에 맞게 코딩을 완성해 보세요.

조건

① '별'과 '행성'은 계속해서 반짝입니다.

② '별'을 클릭하면 스페이스 키가 눌릴 때까지 마우스를 따라 이동하고 마우스를 클릭하면 도장을 찍습니다.

③ '행성'을 클릭하면 스페이스 키가 눌릴 때까지 마우스를 따라 이동하고 마우스를 클릭하면 자신을 복제합니다.

④ 복제된 '행성'은 계속해서 회전하며 색깔을 변경합니다.

• 예제 파일 : 별과 행성.sb3 • 완성 파일 : 별과 행성(완성).sb3

즐거운 코딩 ⑤
인공지능 신호등

 다음의 조건을 이용해 코딩을 완성해 보세요.

① 마우스를 클릭하거나 아무 키를 누르면 '행인'이 이동합니다.

② '횡단보도 신호등'은 '행인'과의 거리에 따라 신호를 보내고 '행인'과의 거리가 가까워지면 '초록'색으로 바뀝니다.

③ '자동차 신호등'은 신호에 따라 색상이 변경됩니다.

• 예제 파일 : 인공지능 신호등.sb3   • 완성 파일 : 인공지능 신호등(완성).sb3

⭐ 코딩 이야기

❶ '행인' 스프라이트를 선택하고 프로그램이 시작되면 계속해서 지정된 위치로 이동한 후 마우스를 클릭하거나
아무 키를 누르면 '출발!'을 '2'초 동안 말하도록 코딩합니다.

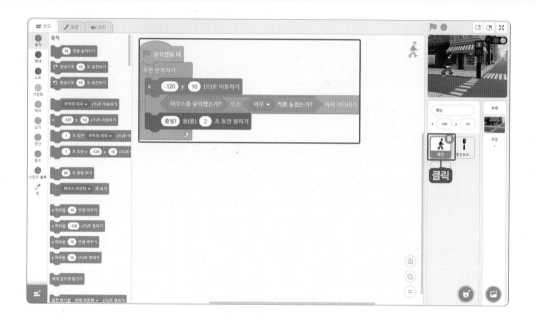

❷ '행인'이 무대 화면의 벽에 닿을 때까지 모양을 바꾸며 움직이도록 코딩합니다.

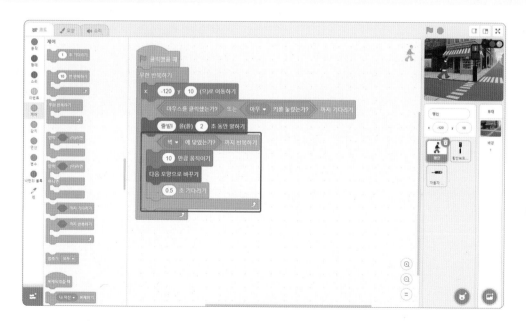

❸ '횡단보도 신호등' 스프라이트를 선택한 후 '횡단보도 신호등'과 '행인' 사이의 거리가 100 이상이면 '멀리' 신호를 보내고 모양을 '빨강'으로 바꾸도록 코딩합니다.

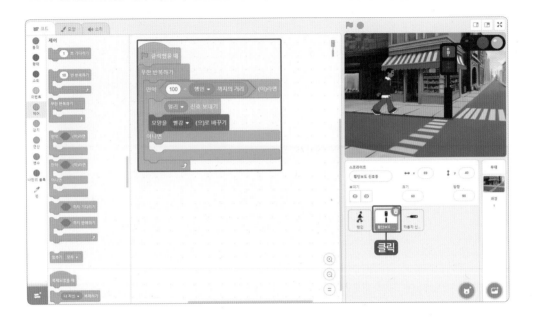

❹ '횡단보도 신호등'과 '행인' 사이의 거리가 50 이상이면 '접근' 신호를 보내도록 코딩합니다.

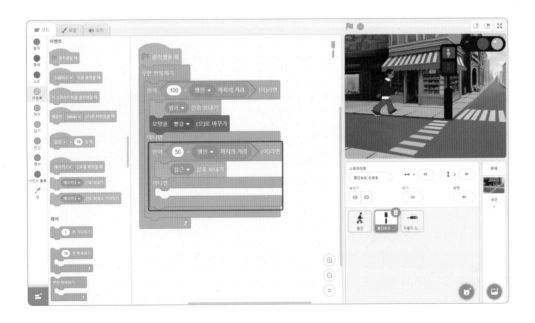

❺ '횡단보도 신호등'과 '행인' 사이의 거리가 50 이하면 '건너기' 신호를 보내고 모양을 '초록'으로 변경한 후 10번 반복하여 '알림' 소리를 끝까지 재생하도록 코딩합니다.

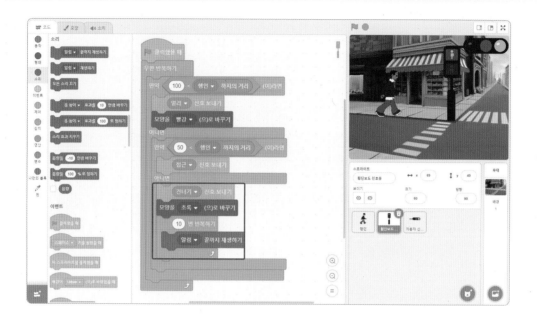

❻ '자동차 신호등' 스프라이트를 선택한 후 '멀리' 신호를 받으면 모양을 '초록'으로, '접근' 신호를 받으면 모양을 '노랑'으로, '건너기' 신호를 받으면 모양을 '빨강'으로 변경하도록 코딩합니다.

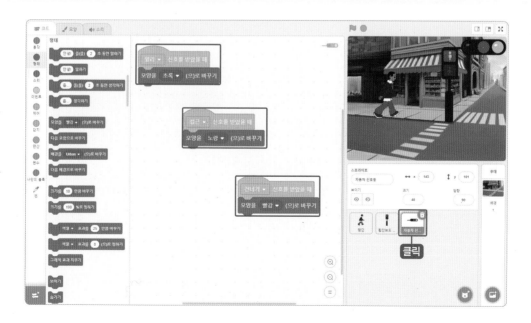

Chapter 16

변수 : 음악 어플리케이션

학습목표 🌱

● 변수의 개념을 이해합니다.

● 변수를 만들어 숫자 정하기, 더하기(+), 빼기(−)를 하는 방법을 알아봅니다.

● 확장 기능 추가하기를 통해 새롭게 생성되는 '음악' 기능을 알아봅니다.

● 조건 및 반복과 비교 연산을 결합하여 사용하는 방법을 알아봅니다.

· 예제 파일 : 음악 어플.sb3 · 완성 파일 : 음악 어플(완성).sb3

미션   문제 해결 과제 | **순차, 반복, 조건, 변수**

필요한 스프라이트(배경)	주요 명령 블록
	연산 `( ○ = 50 )`
	변수 `나의 변수 ▾ 을(를) 0 로 정하기`
	`나의 변수 ▾ 을(를) 1 만큼 바꾸기` `나의 변수`
	음악 `♫ 60 번 음을 0.25 박자로 연주하기`

실행 화면 미리보기

시작 ➡ 스페이스 키 이용하여 악기 번호와 종류 선택하기 ➡ 악기 번호가 1이면 숫자 키 이용하여 동물 소리 연주하기 ➡ 악기 번호가 2면 숫자 키 이용하여 피아노 연주하기 ➡ 끝

스페이스 키 이용하여 악기 번호와 종류 선택하기

❶ '음악 어플' 예제 파일을 불러온 후 '악기 종류' 스프라이트를 선택합니다. ⬤_{변수}의 [변수 만들기]를 클릭하여 [새로운 변수] 대화상자가 나타나면 '악기 번호'를 입력한 후 [확인]을 클릭합니다.

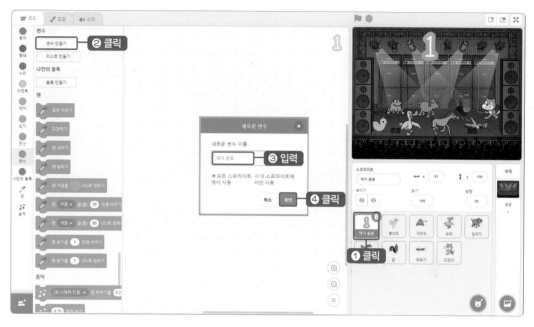

❷ ⬤_{이벤트}의 🏳 클릭했을 때 , ⬤_{변수}의 악기 번호 ▾ 을(를) 0 로 정하기 , ⬤_{제어}의 무한 반복하기 블록을 그림과 같이 연결하고 '0'을 '1'로 각각 변경합니다.

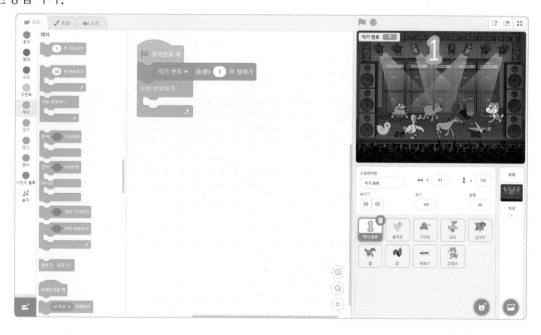

❸ ●의 █ 블록을 그림과 같이 연결한 후 ◆ 안에 ●의 〈 ＝ 50 〉 블록을 끼워 넣고 첫 번째
 제어
칸에 ●의 〈 악기 번호 〉 블록을 끼워 넣습니다.
 변수

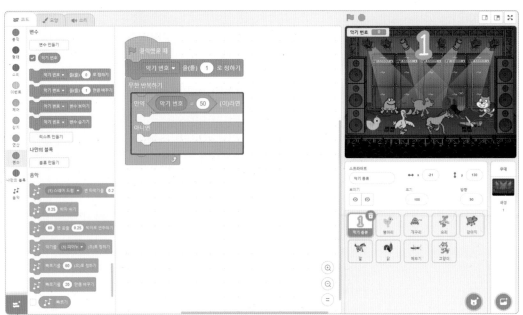

Tip

변수란 숫자 또는 문자와 같은 값을 저장하는 그릇과 같습니다. 변수는 하나의 값만 저장할 수 있으며, 변수의 값을
더하거나 빼서 변경할 수 있습니다. 우리가 게임을 할 때 악당을 물리치면 1점씩 올라가는 점수가 변수랍니다.

❹ ●의 〈 모양을 숫자 1 ▾ (으)로 바꾸기 〉 블록을 그림과 같이 각각 연결한 후 두 번째 블록의 '숫자1'을 '숫자2'로 변경
 형태
합니다.

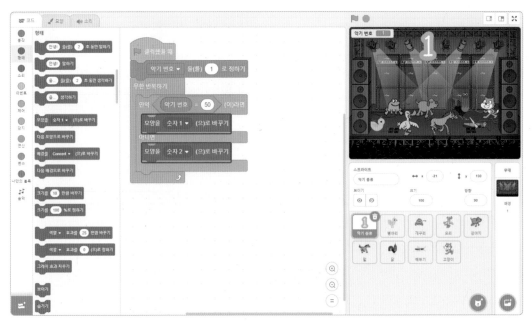

❺ 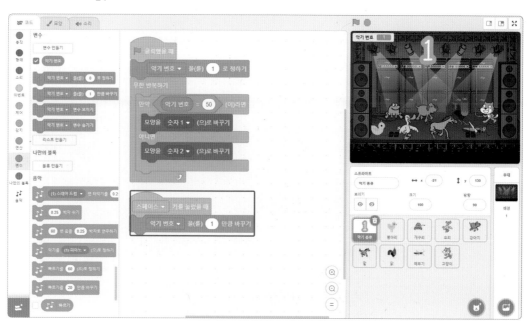 의 스페이스 ▼ 키를 눌렀을 때 , 변수 의 악기 번호 ▼ 을(를) 1 만큼 바꾸기 블록을 그림과 같이 연결합니다.
이벤트

❻ 제어 의 만약 (이)려면 , 연산 의 ◯ = 50 , 변수 의 악기 번호 ▼ 을(를) 1 만큼 바꾸기 블록을 그림과 같이 연결한 후
◯ = 50 블록의 첫 번째 칸에 변수 의 악기 번호 블록을 끼워 넣고 두 번째 칸 '50'을 '3'으로 변경합니
다. 이어서 '1'을 '−2'로 변경합니다.

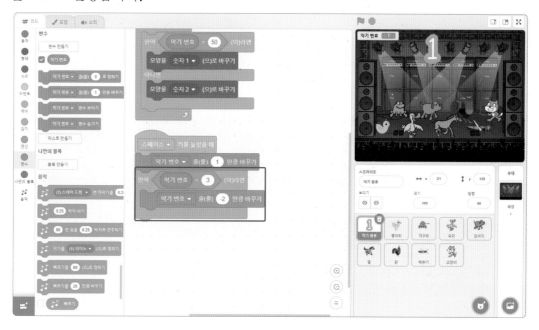

Tip

악기 번호 ▼ 을(를) 1 만큼 바꾸기 블록은 악기 번호에 '1'만큼 더해주는 기능을 합니다. 즉, ❶ 스페이스 키를 누르면 처음에
'1'로 정해졌던 악기 번호에 '1'을 더해 악기 번호는 '2'가 됩니다. ❷ 스페이스 키를 또 한 번 누르면 '2'가 된 악기 번호에
'1'을 더해 악기 번호는 '3'이 됩니다.

❶ ❶[확장 기능 추가하기] 버튼을 클릭한 후 ❷ [음악]을 선택하여 ❸ 음악 블록들을 추가합니다.

  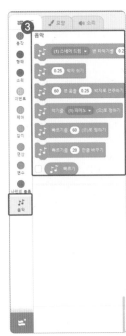

❷ '병아리' 스프라이트를 선택한 후  의 이벤트, 의 제어 블록을 그림과 같이 연결하고 '스페이스'를 '1'로 변경합니다.

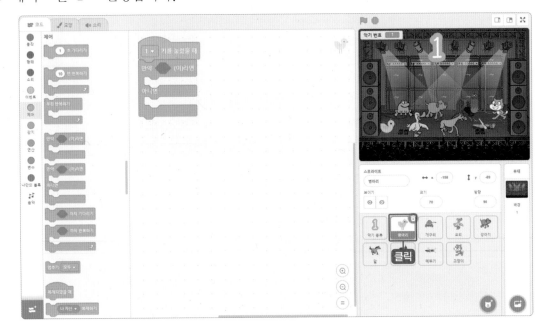

❸ ⬡ 안에 연산의 ◯ = 50 블록을 끼워 넣은 후 첫 번째 칸에 변수의 악기 번호 블록을 끼워 넣고 두 번째 칸 '50'을 '1'로 변경합니다.

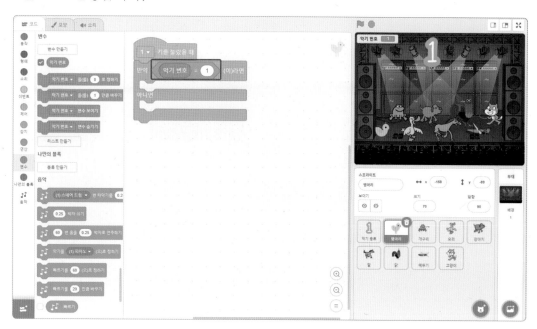

❹ 형태의 다음 모양으로 바꾸기 , 소리의 Chirp ▾ 재생하기 블록을 그림과 같이 연결합니다.

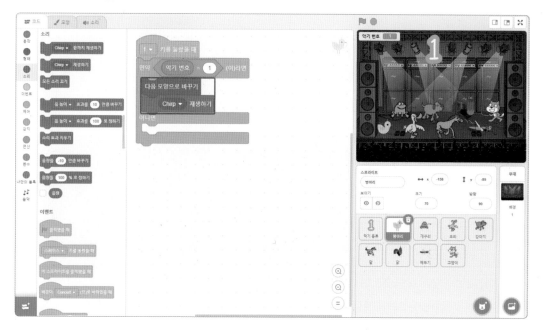

❺ ●의 `다음 모양으로 바꾸기` , ♫의 `♫ 60 번 음을 0.25 박자로 연주하기` 블록을 그림과 같이 연결합니다.
형태 　　　　　　　　 음악

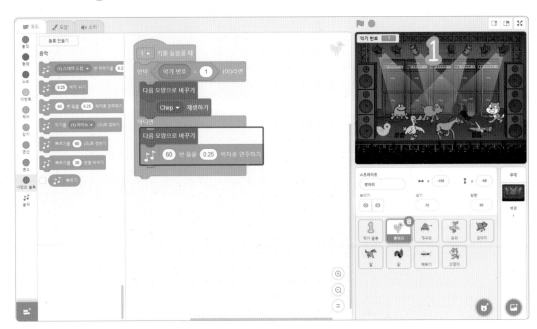

3 다른 스프라이트에 스크립트 복사하기

❶ '병아리' 스프라이트의 스크립트를 클릭한 후 스프라이트 영역에 있는 '개구리' 스프라이트로 드래그하여 스크립트 전체를 복사합니다. 이어서 '개구리' 스프라이트를 선택하고 시작하기 숫자 키와 음 번호를 그림과 같이 변경합니다.

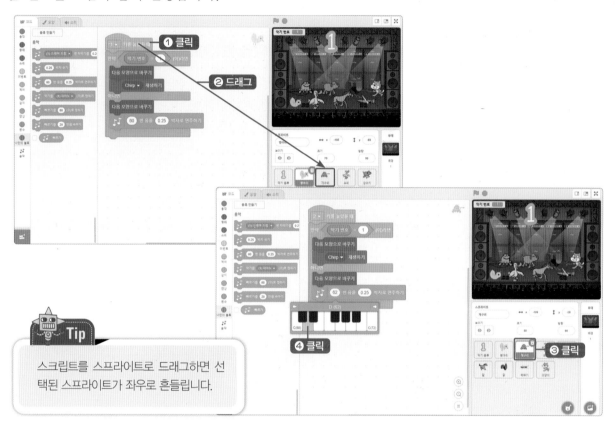

스크립트를 스프라이트로 드래그하면 선택된 스프라이트가 좌우로 흔들립니다.

❷ ❶과 같이 '병아리' 스프라이트의 스크립트를 나머지 동물 스프라이트로 복사한 후 그림과 같이 숫자 키, 소리, 음 번호를 변경합니다.

더 만들어 보기

예제 1 예제 파일을 불러와 다음 조건에 맞게 코딩을 완성해 보세요.

조건

① '악기 종류' 변수를 만들고 스페이스 키를 누르면 '악기 종류' 변수가 1씩 바뀝니다.

② 숫자 키를 누르면 숫자에 해당하는 음을 연주합니다.

③ '댄서'는 아무 키를 누르면 모양을 변경합니다.

• 예제 파일 : **전자키보드.sb3** • 완성 파일 : **전자키보드(완성).sb3**

예제 2 예제 파일을 불러와 다음 조건에 맞게 코딩을 완성해 보세요.

조건

① '점수' 변수를 생성하고 값을 0으로 정한 후 '점수'가 10점이면 '성공'이라고 말하고 프로그램을 종료합니다.

② '빗자루'는 계속해서 마우스를 따라 움직이다가 '바퀴벌레'에 닿으면 점수가 증가하고 '병아리'에 닿으면 점수가 감소합니다.

③ '바퀴벌레'는 무작위 위치에서 숨었다 보였다를 반복합니다.

④ '병아리'는 계속해서 무작위 위치로 이동합니다.

• 예제 파일 : **바퀴벌레.sb3** • 완성 파일 : **바퀴벌레(완성).sb3**

Chapter 17

변수 : 색깔을 파는 마법 상점

학습목표

● 여러 개의 변수를 만들고 변수의 합계를 계산하는 방법을 알아봅니다.

● 스프라이트를 클릭할 때마다 변수를 변경하는 방법을 알아봅니다.

● 그리기 기능을 이용하여 원하는 모양의 스프라이트를 만드는 방법을 알아봅니다.

• 예제 파일 : 색깔상점.sb3 • 완성 파일 : 색깔상점(완성).sb3

미션 문제 해결 과제 | 순차, 변수

필요한 스프라이트(배경)		주요 명령 블록

행복해지는
보라색 2,000원   기분이 좋아지는
하늘색 1,000원

연산

변수

실행 화면 미리보기

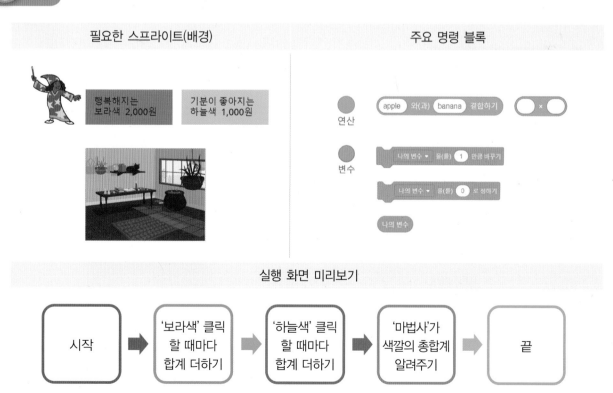

시작 ➡ '보라색' 클릭할 때마다 합계 더하기 ➡ '하늘색' 클릭할 때마다 합계 더하기 ➡ '마법사'가 색깔의 총합계 알려주기 ➡ 끝

❶ '색깔상점' 예제 파일을 불러온 후 '보라색', '하늘색', '합계' 변수를 만들고 '합계' 변수의 체크 박스를 해제하여 '보라색' 변수와 '하늘색' 변수만 무대 화면에 보이도록 합니다. 이어서 ⬤의 _{이벤트} 클릭했을 때, ⬤의 _{변수} 나의 변수 ▼ 을(를) 0 로 정하기 블록을 그림과 같이 연결한 후 변수를 '합계', '하늘색', '보라색'으로 각각 변경합니다.

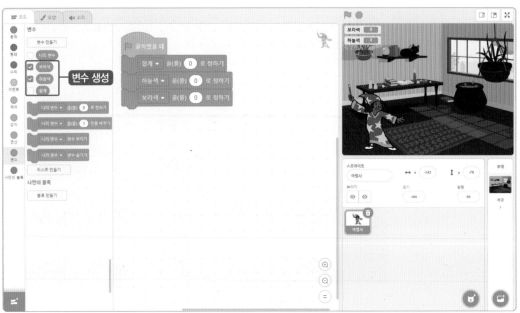

❷ ⬤의 _{형태} 안녕! 을(를) 2 초 동안 말하기 블록을 그림과 같이 연결하고 '안녕!'을 '사고 싶은 개수만큼 색깔 카드를 클릭하세요', '계산하려면 나를 클릭하세요'로 각각 변경합니다.

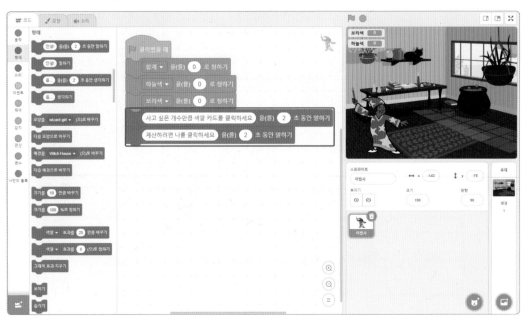

❸ ●의 이 스프라이트를 클릭했을 때 , ●의 안녕! 을(를) 2 초 동안 말하기 블록을 그림과 같이 연결하고 '안녕!'을 '하늘색'
이벤트   형태
으로 변경합니다.

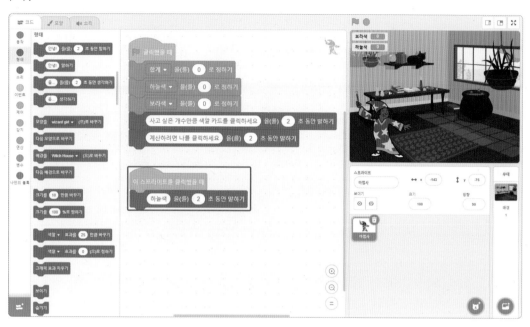

❹ ●의 안녕! 을(를) 2 초 동안 말하기 블록을 그림과 같이 연결하고 ●의 apple 와(과) banana 결합하기 블록을 '안녕!'
형태   연산
칸에 끼워 넣은 후 'banana'를 '원'으로 변경합니다.

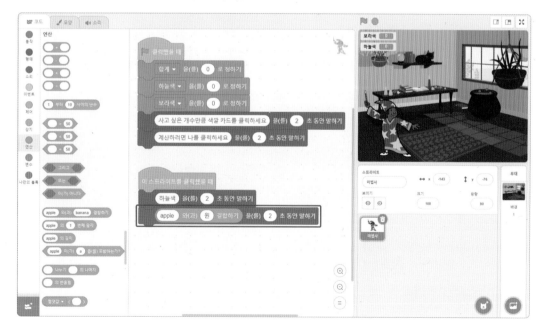

❺ 이어서 'apple' 칸에 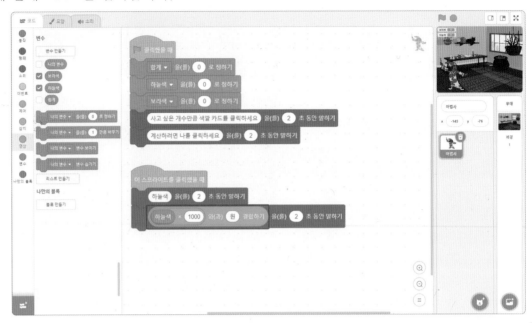의 ⬤╳⬤ 블록을 끼워 넣은 후 첫 번째 칸에 변수의 ⬤하늘색 블록을 끼워 넣고 두 번째 칸에 '1000'을 입력합니다.

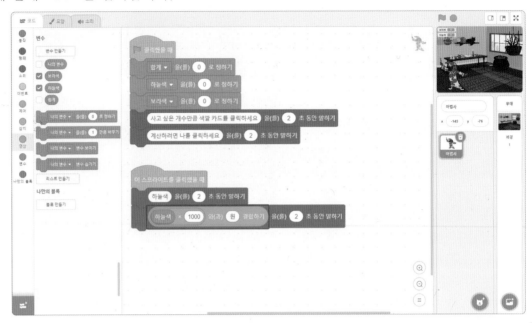

❻ ❶ 두 번째 명령 블록 위에서 마우스 오른쪽 버튼을 클릭하여 ❷ [복사하기]를 클릭한 후 ❸ 복사된 명령 블록을 아래에 연결합니다. 그리고 '하늘색'을 '보라색'으로 '1000'을 '2000'으로 각각 변경합니다.

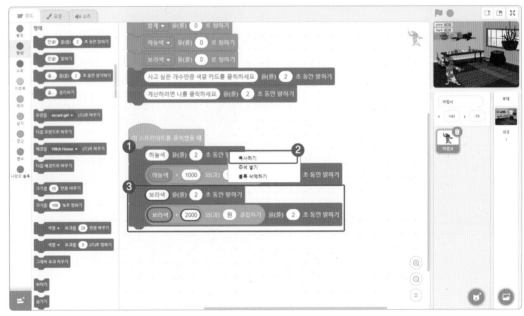

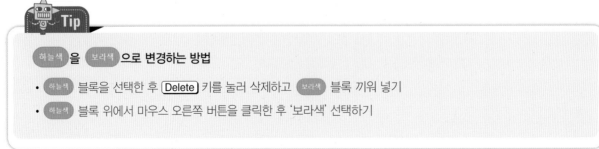

Tip

⬤하늘색 을 ⬤보라색 으로 **변경하는 방법**

• ⬤하늘색 블록을 선택한 후 [Delete] 키를 눌러 삭제하고 ⬤보라색 블록 끼워 넣기
• ⬤하늘색 블록 위에서 마우스 오른쪽 버튼을 클릭한 후 '보라색' 선택하기

❼ ●의 [안녕! 을(를) 2 초 동안 말하기], [안녕! 말하기] 블록을 연결하고 첫 번째 블록의 '안녕!'을 '모두 다 해서'로
변경합니다. 이어서 두 번째 블록의 '안녕!' 칸에 ●의 [apple 와(과) banana 결합하기] 블록을 끼워 넣은 후
'apple' 칸에 ●의 [합계] 블록을 끼워 넣고 'banana'를 '원입니다'로 변경합니다.

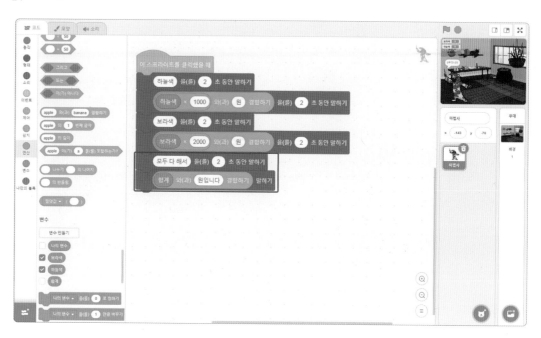

2 그리기 기능을 이용하여 글상자 스프라이트 만들기

❶ ❶ 스프라이트 영역에서 [그리기]를 클릭하고 ❷ 채우기 색과 윤곽선 색을 선택합니다. 이어서 ❸
직사각형 그리기를 클릭한 후 ❹ 마우스를 드래그하여 직사각형을 완성합니다.

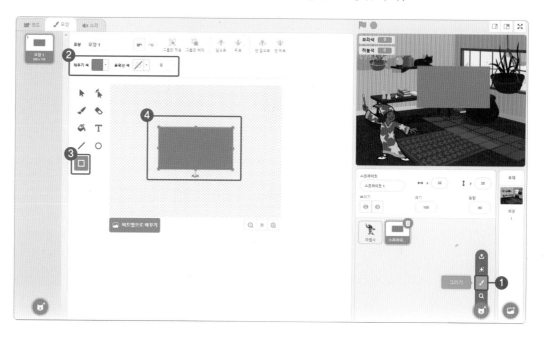

❷ **❶** 텍스트를 클릭하고 **❷** 글자 색을 선택합니다. **❸** 직사각형 안에 '행복해지는 보라색 2,000원'을
입력하고 직사각형 크기에 맞추어 글상자의 조절점을 드래그합니다.

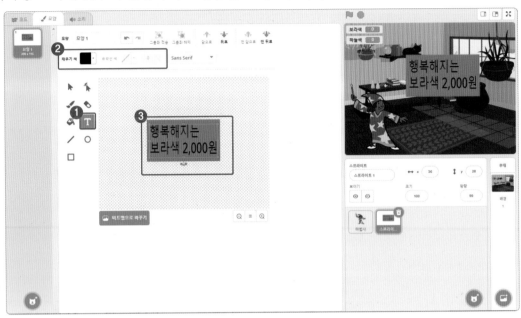

❸ **❶**~**❷**와 같은 방법으로 글상자 스프라이트를 만들고 그림과 같이 내용과 직사각형 색을 변경한
후 무대 화면의 원하는 위치에 배치합니다.

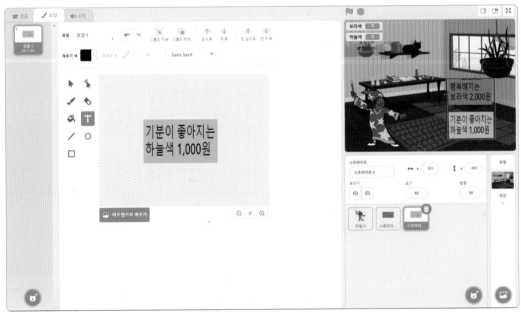

❶ '스프라이트 1' 스프라이트를 선택한 후 ◯의 ▰▰▰, ●의 ▰▰▰ 블록을 그림과 같이 연결합니다. 이어서 첫 번째 변수 명령 블록의 옵션값은 '보라색'과 '1'로 변경하고, 두 번째 변수 명령 블록의 옵션값을 '합계'와 '2000'으로 각각 변경합니다.

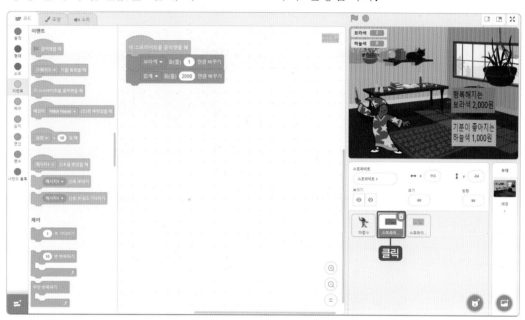

❷ '스프라이트 2' 스프라이트를 선택한 후 ❶과 같은 방법으로 블록을 연결하고 첫 번째 변수 명령 블록의 옵션값은 '하늘색'과 '1'로, 두 번째 변수 명령 블록의 옵션값은 '합계'와 '1000'으로 각각 변경합니다.

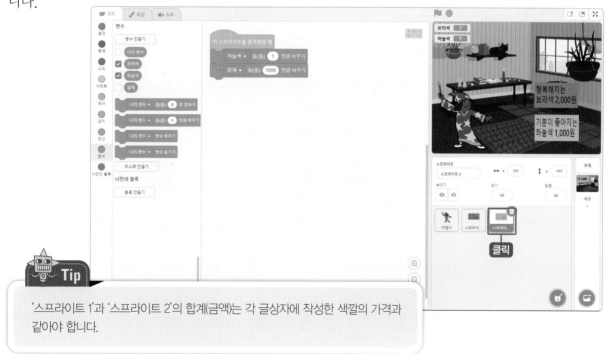

Tip
'스프라이트 1'과 '스프라이트 2'의 합계(금액)는 각 글상자에 작성한 색깔의 가격과 같아야 합니다.

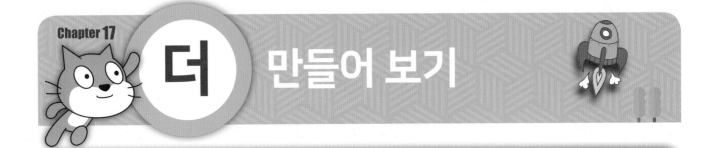

예제 **1** 예제 파일을 불러와 다음 조건에 맞게 코딩을 완성해 보세요.

조건
① '모자', '옷', '합계' 변수를 만들고 변숫값을 모두 0으로 지정합니다.
② '모자'와 '옷'을 클릭하면 클릭한 횟수만큼 변숫값이 증가합니다.
③ '여자 아이'를 클릭하면 '모자'와 '옷'이 몇 번 클릭되었고 가격의 합계는 얼마인지를 계산하여 말합니다.

• 예제 파일 : 벼룩시장.sb3 • 완성 파일 : 벼룩시장(완성).sb3

예제 **2** 예제 파일을 불러와 다음 조건에 맞게 코딩을 완성해 보세요.

조건
① '성인 합계', '어린이 합계', '총 합계' 변수를 만들고 변숫값을 지정합니다.
② '1'을 누르면 성인 입장료 가격이 더해지고 '2'를 누르면 어린이 입장료 가격이 더해집니다.
③ 계산기를 클릭하면 '성인 합계'와 '어린이 합계', '총 합계'를 순서대로 말합니다.

• 예제 파일 : 입장료 계산기.sb3 • 완성 파일 : 입장료 계산기(완성).sb3

18

즐거운 코딩 ⑥
금고를 열어라!

재미 up 창의력 up

 다음의 조건을 이용해 코딩을 완성해 보세요.

① 6개의 숫자 중 하나를 클릭하여 비밀번호가 맞으면 금고의 문이 열립니다.
② 클릭한 숫자가 비밀번호가 아니면 '다시 입력하세요'라고 말하고 '도전횟수'가 증가합니다.
③ 다시 한 번 숫자 하나를 클릭하여 비밀번호가 맞으면 황금열쇠가 나타나고 도전횟수를 말합니다.

• 예제 파일 : 금고를 열어라.sb3 • 완성 파일 : 금고를 열어라(완성).sb3

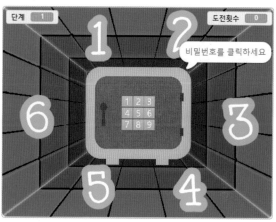
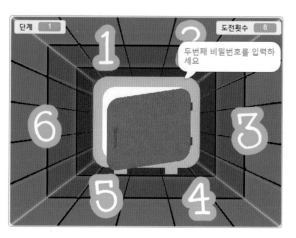

⭐ 코딩 이야기

❶ '금고' 스프라이트를 선택한 후 '도전횟수', '단계', '금고번호 – 첫번째', '금고번호 – 두번째' 변수를 만들고 변숫값을
지정한 후 '비밀번호를 클릭하세요'를 말하도록 코딩합니다.

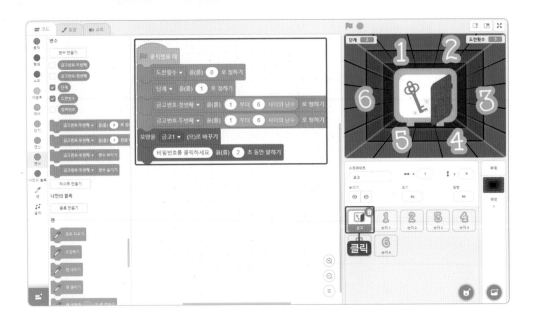

❷ '입력' 신호를 받으면 단계가 1단계인지 2단계인지 확인하도록 코딩합니다.

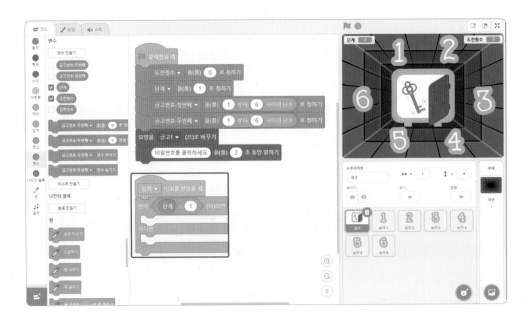

❸ 단계가 '1'이면 '입력번호'와 '금고번호 – 첫번째'가 같은지 확인하고 맞다면 금고의 모양을 바꾸고 2단계가 되도록 코딩합니다.

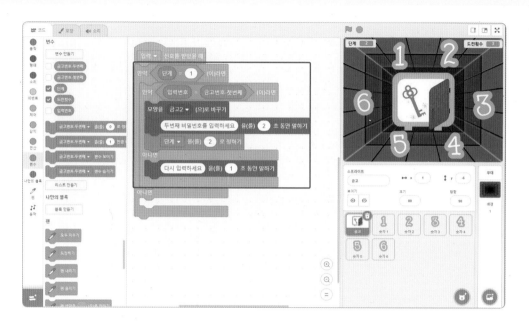

❹ 단계가 '2'이면 '입력번호'와 '금고번호 – 두번째'가 같은지 확인하고 맞다면 금고의 모양을 바꾸고 '도전횟수'를 말하도록 코딩합니다.

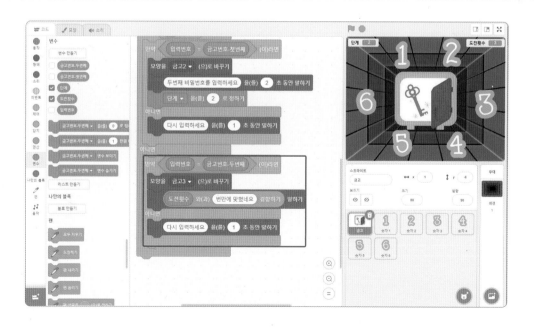

❺ '숫자 1' 스프라이트를 선택한 후 '숫자 1'을 클릭하면 입력번호를 '1'로 정하고 도전횟수를 '1'만큼씩 더하도록 합니다. 이어서 음계를 연주하고 '입력' 신호를 보내도록 코딩합니다.

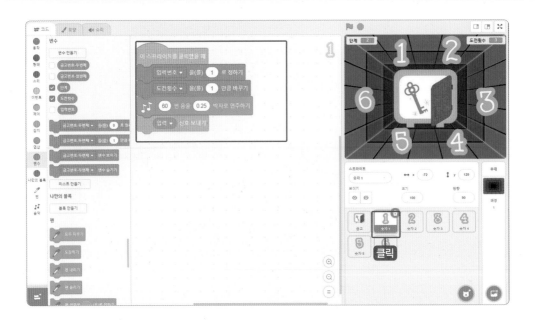

❻ '숫자 2'~'숫자 6' 스프라이트도 '숫자 1' 스프라이트와 마찬가지로 해당 숫자 스프라이트를 클릭하면 입력번호를 같은 숫자로 정하고 도전횟수를 '1'만큼씩 더하도록 합니다. 이어서 해당 숫자에 맞는 음을 연주하고 '입력' 신호를 보내도록 코딩합니다.

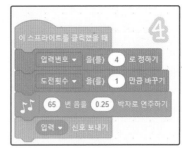

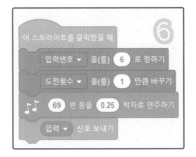

19

학습목표 🌱

변수 : 나이스, 캐치볼!

● 타이머 기능에 대해 알아보고 남은 시간을 표현하는 방법을 알아봅니다.
● 2가지 조건이 모두 충족이 되어야 하는 논리 연산을 알아봅니다.
● 스프라이트가 보여지는 순서를 변경하는 방법을 알아봅니다.
● 해당 스프라이트에 있는 다른 스크립트를 멈추게 하는 방법을 알아봅니다.

• 예제 파일 : 캐치볼.sb3   • 완성 파일 : 캐치볼(완성).sb3

미션 문제 해결 과제 | **순차, 반복, 조건, 변수**

필요한 스프라이트(배경)	주요 명령 블록

주요 명령 블록

형태   맨 앞쪽 ▼ 으로 순서 바꾸기

감지   타이머 초기화   타이머

연산   그리고

변수   게임시간 ▼ 변수 보이기   게임 시간 ▼ 변수 숨기기

실행 화면 미리보기

시작 ➡ 게임할 시간 입력하고 게임 시작하기 ➡ '글로브'로 무작위로 나타나는 '야구공' 잡기 ➡ 게임 시간이 끝나면 점수 알려주기 ➡ 끝

변수 만들고 질문에 대한 대답 입력하기

❶ '캐치볼' 예제 파일을 불러온 후 '심판' 스프라이트를 선택하고 '게임시간', '남은 시간', '점수' 변수를 만든 후 체크 박스를 해제하여 변수를 무대 화면에서 숨깁니다. 이어서. 이벤트의 [클릭했을 때], 변수의 [게임 시간 ▼ 을(를) 0 로 정하기], [게임 시간 ▼ 변수 숨기기] 블록을 그림과 같이 연결하고 '게임시간'을 '점수'로 각각 변경합니다.

❷ 형태의 [보이기], 감지의 [What's your name? 라고 묻고 기다리기], 변수의 [게임 시간 ▼ 을(를) 0 로 정하기] 블록을 그림과 같이 연결하고 'What's your name?'을 '몇 초 동안 게임을 할까요?'로 변경합니다. 이어서 '0' 칸에 감지의 [대답] 블록을 끼워 넣습니다.

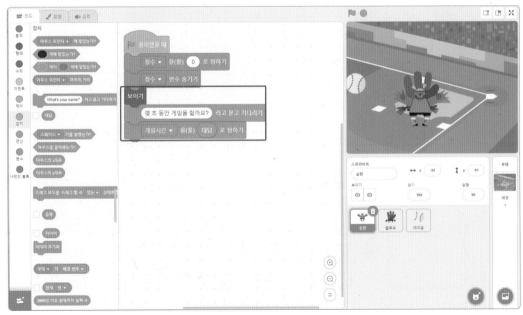

❸ 형태의 `안녕! 을(를) 2 초 동안 말하기`, `숨기기` 와 ⬜의 이벤트 `메시지1 ▾ 신호 보내기` 블록을 그림과 같이 연결하고 '안녕!'을 'start'로, '2'초를 '1'초로, '메시지1'을 'START'로 각각 변경합니다.

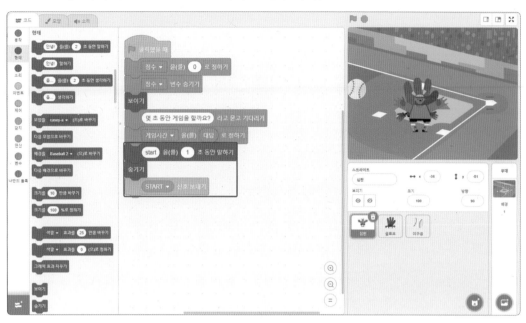

---

2 'START' 신호 받으면 남은 시간 나타내기

❶ ⬜의 이벤트 `START ▾ 신호를 받았을 때`, ⬜의 감지 `타이머 초기화`, ⬜의 변수 `게임시간 ▾ 변수 보이기` 블록을 그림과 같이 연결하고 '게임시간'을 '남은 시간'으로 변경합니다.

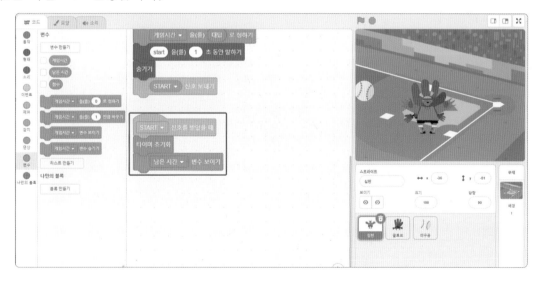

Tip

프로그램을 시작하면 타이머가 자동으로 작동되는데, [멈추기(⬤)] 버튼을 클릭해도 타이머는 계속 작동되고 있습니다. 이때 `타이머 초기화` 블록을 사용하면 프로그램 진행 중간에 타이머의 시간을 초기화할 수 있습니다.

❷ ⬤의 ▭까지 반복하기⬢▭ 블록을 연결하고 ⬢ 안에 ⬤의 ⬮ > 50 ⬮ 블록을 끼워 넣습니다. 이어서
제어   연산
⬤의 타이머 , ⬤의 게임시간 블록을 그림과 같이 끼워 넣습니다.
감지   변수

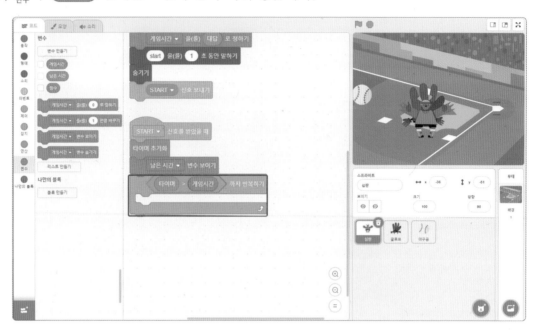

❸ ⬤의 ▭게임시간 ▾ 을(를) 0 로 정하기▭ 블록을 그림과 같이 연결하고 '게임시간'을 '남은 시간'으로 변경합니다.
변수
이어서 '0' 칸에 ⬤의 ⬮ - ⬮ 블록을 끼워 넣은 후 ⬤의 게임시간 , ⬤의 절댓값 ▾ ( ) 블록을 끼
연산   변수   연산
워 넣고 '절댓값'을 '버림'으로 변경한 후 빈칸에 ⬤의 타이머 블록을 끼워 넣습니다.
감지

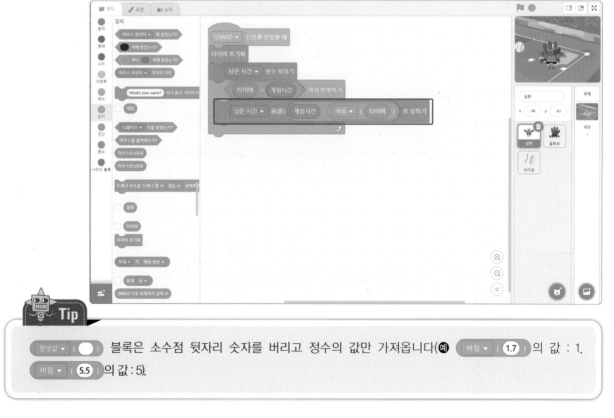

Tip
절댓값 ▾ ( ) 블록은 소수점 뒷자리 숫자를 버리고 정수의 값만 가져옵니다(예 버림 ▾ (1.7) 의 값 : 1,
버림 ▾ (5.5) 의 값 : 5).

❹ ●의 게임시간 ▼ 변수 숨기기 , 게임시간 ▼ 변수 보이기 블록을 그림과 같이 연결하고 '게임시간'을 각각 '남은
시간', '점수'로 변경합니다.

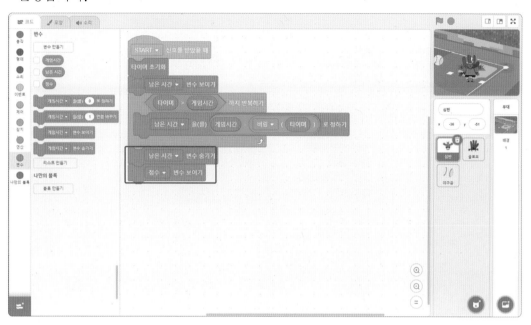

❺ ●의 보이기 , 안녕! 말하기 , ○의 START ▼ 신호 보내기 블록을 그림과 같이 연결하고 '안녕!'을
'stop'으로, 'START'를 'STOP'으로 각각 변경합니다.

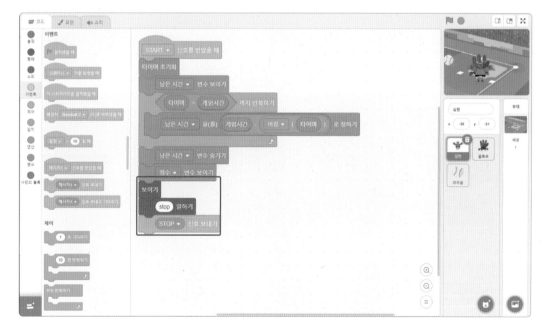

❶ '글로브' 스프라이트를 선택한 후 ⬤의 [START ▼ 신호를 받았을 때], ⬤의 [무한 반복하기], ⬤의 [무작위 위치 ▼ (으)로 이동하기], ⬤의 [맨 앞쪽 ▼ 으로 순서 바꾸기] 블록을 그림과 같이 연결하고 '무작위 위치'를 '마우스 포인터'로, '앞쪽'을 '뒤쪽'으로 각각 변경합니다.

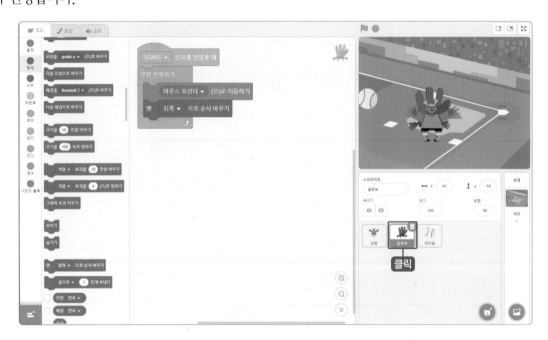

❷ ⬤의 [만약 ◆ (이)라면] 블록을 그림과 같이 연결하고 ◆ 안에 ⬤의 [◆ 그리고 ◆] 블록을 끼워 넣습니다. 이어서 ⬤의 [마우스 포인터 ▼ 에 닿았는가?], [마우스를 클릭했는가?] 블록을 그림과 같이 끼워 넣은 후 '마우스 포인터'를 '야구공'으로 변경합니다.

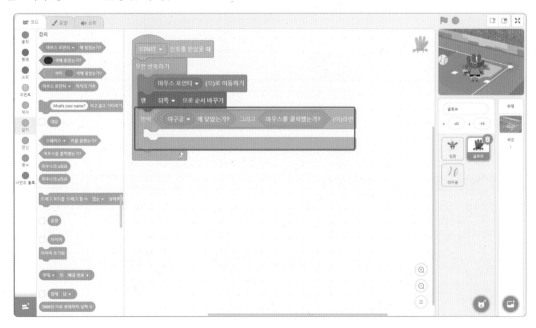

❸ 변수 의  게임 시간 ▾ 을(를) ❶ 만큼 바꾸기 , 소리 의 Boing ▾ 재생하기 , 제어 의 ❶ 초 기다리기 블록을 그림과 같이 연결하고 '게임시간'을 '점수'로, '1'초를 '0.2'초로 각각 변경합니다.

❹ 이벤트 의 START ▾ 신호를 받았을 때 , 제어 의 멈추기 모두 ▾ 블록을 그림과 같이 연결하고 'START'를 'STOP'으로, '모두'를 '이 스프라이트에 있는 다른 스크립트'로 각각 변경합니다.

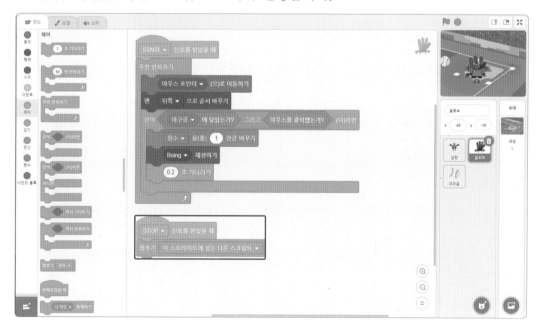

'야구공'이 무작위 위치에서 나타나도록 하기

❶ '야구공' 스프라이트를 선택한 후 이벤트의 START▼ 신호를 받았을 때 , 제어의 무한 반복하기 , 동작의 무작위 위치 ▼ (으)로 이동하기 , 형태의 보이기 블록을 그림과 같이 연결합니다. 이어서 제어의 1 초 기다리기 , 형태의 숨기기 블록을 그림과 같 이 연결하고 마지막 블록의 '1'초를 '0.5'초로 변경합니다.

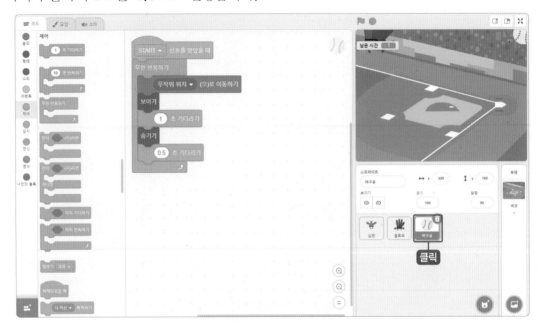

❷ 이벤트의 START▼ 신호를 받았을 때 , 제어의 멈추기 모두 ▼ 블록을 그림과 같이 연결하고 'START'를 'STOP'으로, '모두'를 '이 스프라이트에 있는 다른 스크립트'로 각각 변경합니다.

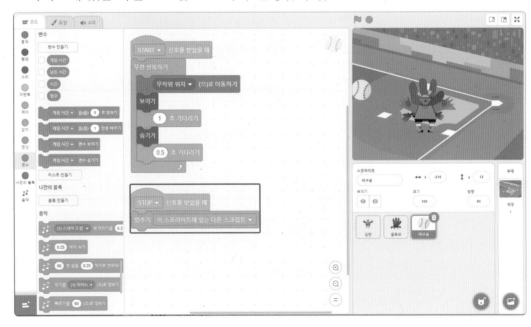

Chapter 19 더 만들어 보기

예제 1 예제 파일을 불러와 다음 조건에 맞게 코딩을 완성해 보세요.

조건

① 게임 시간을 '30'초로 정하고 게임이 시작되면 남은 시간을 보여줍니다.

② '망치'는 마우스 포인터를 따라 움직이고 '두더지'에 닿았을 때 마우스를 클릭하면 점수를 1점씩 더합니다.

③ '두더지'는 계속해서 무작위 위치에서 나타납니다.

④ '30'초가 지나면 게임이 종료되고 점수를 보여줍니다.

• 예제 파일 : 두더지 잡기.sb3   • 완성 파일 : 두더지 잡기(완성).sb3

예제 2 예제 파일을 불러와 다음 조건에 맞게 코딩을 완성해 보세요.

조건

① 프로그램이 시작되면 '손전등'이 시간을 물어보고 입력한 시간 동안 마우스 포인터를 따라 움직입니다.

② '비밀 문자'는 모양을 바꾸면서 무작위 위치로 이동합니다.

③ '비밀 문자'가 '손전등'에 닿았을 때 마우스를 클릭하면 단계를 1만큼씩 올리고 모양을 바꿉니다.

④ '비밀 문자'를 5번 모두 찾으면 지나간 시간을 말하고 프로그램이 종료됩니다.

• 예제 파일 : 손전등.sb3   • 완성 파일 : 손전등(완성).sb3

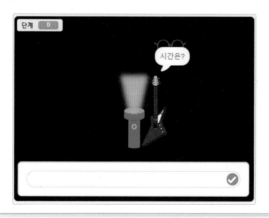

변수 : 병아리 구출 작전

● 난수를 이용하여 스프라이트가 움직이는 속도를 변경하는 방법을 알아봅니다.
● 변숫값이 0이 되면 모든 스크립트를 멈추는 방법을 알아봅니다.
● 스프라이트가 움직이는 방향 쪽을 바라보도록 하는 방법을 알아봅니다.

• 예제 파일 : 병아리 구출.sb3 • 완성 파일 : 병아리 구출(완성).sb3

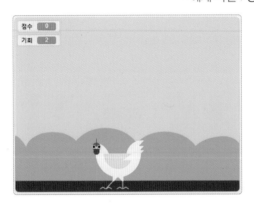
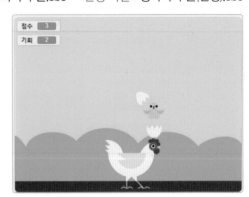

미션 문제 해결 과제 | 순차, 반복, 조건, 변수

필요한 스프라이트(배경)	주요 명령 블록

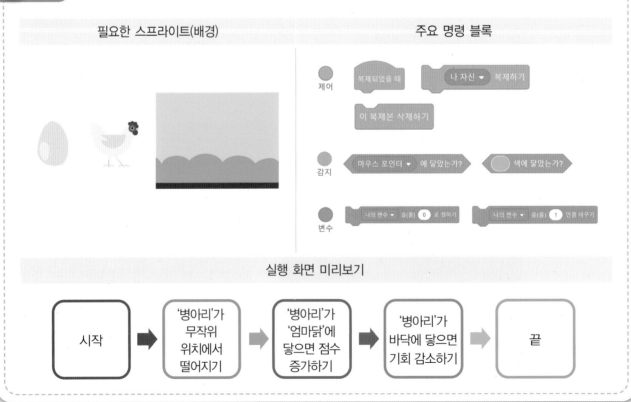

실행 화면 미리보기

시작 → '병아리'가 무작위 위치에서 떨어지기 → '병아리'가 '엄마닭'에 닿으면 점수 증가하기 → '병아리'가 바닥에 닿으면 기회 감소하기 → 끝

'병아리'가 임의의 위치로 이동한 후 자신 복제하기

❶ '병아리 구출' 예제 파일을 불러온 후 '기회', '속도', '점수' 변수를 만들고 '속도' 변수의 체크 박스를 클릭하여 선택을 해제합니다. 이어서 '병아리' 스프라이트를 선택하고 ⬤ 의 ▶ 클릭했을 때, ⬤ 의 이벤트   변수

기회 ▾ 을(를) 0 로 정하기 블록을 그림과 같이 연결한 후 두 번째 블록의 '기회'를 '점수'로 변경하고 '기회' 변숫값 '0'을 '2'로 변경합니다.

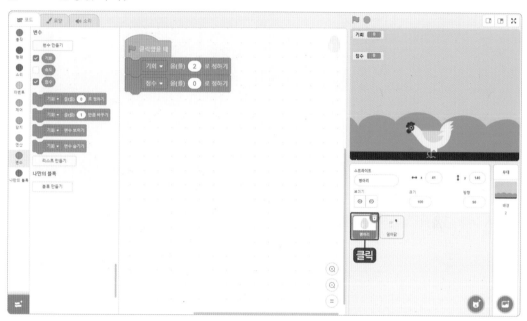

❷ ⬤ 의 무한 반복하기, ⬤ 의 숨기기, ⬤ 의 x: 0 y: 0 (으)로 이동하기 블록을 그림과 같이 연결합니다. 이어서 x 제어   형태   동작

좌푯값에 ⬤ 의 1 부터 10 사이의 난수 블록을 끼워 넣고 '1'을 '−200'으로, '10'을 '200'으로 변경한 후 y 연산

좌푯값을 '140'으로 변경합니다.

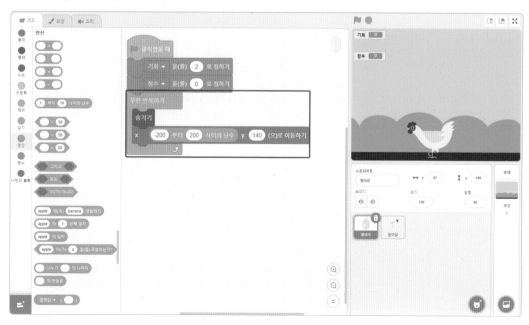

❸ ●의 ⬡ 1 초 기다리기 , ⬡ 나 자신 ▾ 복제하기 블록을 그림과 같이 연결하고 '1'초 칸에 ●의 ⬡ 1 부터 10 사이의 난수
  제어   연산
블록을 끼워 넣은 후 '1'을 '3'으로, '10'을 '5'로 각각 변경합니다.

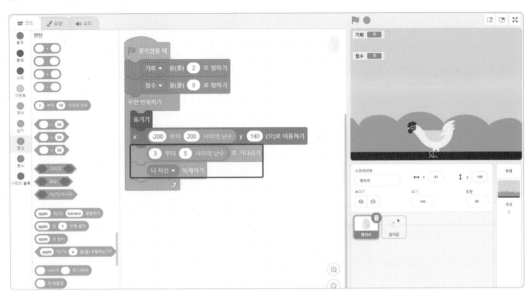

❹ ●의 ⬡ 복제되었을 때 , ●의 ⬡ 보이기 , ●의 ⬡ 기회 ▾ 을(를) 0 로 정하기 블록을 그림과 같이 연결하고 '기회'를
  제어   형태   변수
'속도'로 변경합니다. 이어서 '0' 칸에 ●의 ⬡ 1 부터 10 사이의 난수 블록을 끼워 넣은 후 '1'을 '-5'로,
                      연산
'10'을 '-10'으로 각각 변경합니다.

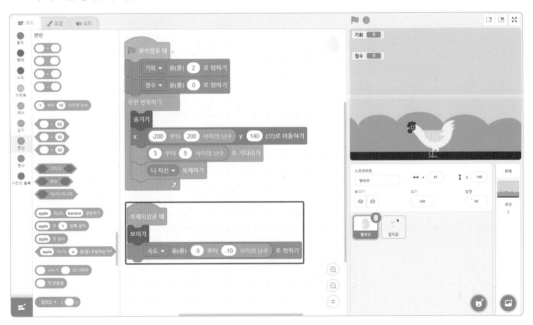

속도 변수의 난수 범위가 음수(-)인 이유

'병아리' 스프라이트가 하늘에서 바닥으로 떨어지는 모습을 표현하기 위해 값을 음수(-)로 설정합니다.

❺ ⬤의 무한 반복하기, ⬤의 y 좌표를 10 만큼 바꾸기 블록을 그림과 같이 연결하고 '10' 칸에 ⬤의 속도 블록을
제어 동작 변수
끼워 넣습니다. 이어서 ⬤의 만약 (이)라면, ⬤의 마우스 포인터 ▼ 에 닿았는가?, ⬤의 기회 을(를) 1 만큼 바꾸기
제어 감지 변수
블록을 그림과 같이 연결한 후 '마우스 포인터'를 '엄마닭'으로, '기회'를 '점수'로 각각 변경합니다.

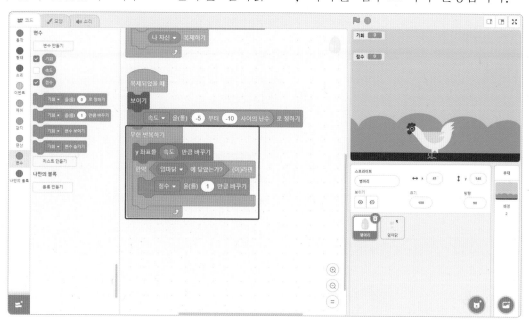

❻ ⬤의 모양을 달걀 ▼ (으)로 바꾸기, ⬤의 pop ▼ 재생하기, ⬤의 1 초 기다리기, 이 복제본 삭제하기 블록을 그림과
형태 소리 제어
같이 연결하고 '달걀'을 '부화'로, 'pop'을 'Chirp'으로 각각 변경합니다.

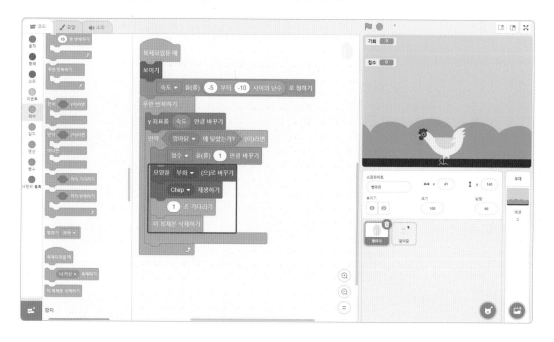

❼ 반복하기 블록 안에 ⬤의 ▨ 블록을 끼워 넣고 ⬣ 안에 ⬤의 ⬯색에 닿았는가? 블록을 끼워 넣은 후 무대 화면의 바닥을 클릭하여 색을 변경합니다. 이어서 ⬤의 ▨기회▾을(를) 1 만큼 바꾸기 블록을 그림과 같이 끼워 넣고 '1'을 '-1'로 변경합니다.

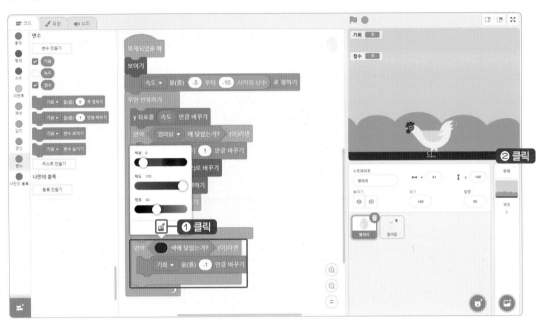

❽ ⬤의 ▨모양을 달걀▾(으)로 바꾸기, ⬤의 ▨pop▾ 재생하기, ⬤의 ▨1 초 기다리기, 이 복제본 삭제하기 블록을 그림과 같이 연결하고 '달걀'을 '깨짐'으로 변경합니다.

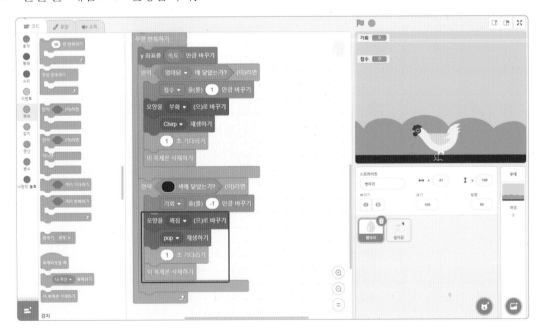

❶ ⬜의 🏳클릭했을 때, ⬜의 무한 반복하기, 만약 ◆(이)라면 블록을 그림과 같이 연결합니다. 이어서 [소리] 탭-
[소리 고르기]를 클릭하여 원하는 음악을 선택합니다.

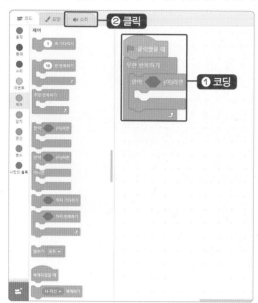

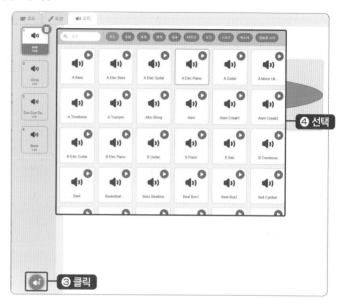

❷ [코드] 탭을 클릭한 후 ◆ 안에 ⬜의 ⬭ = 50 블록을 끼워 넣고 첫 번째 칸에 ⬜의 기회
블록을 끼워 넣은 후 두 번째 칸의 '50'을 '0'으로 변경합니다. 이어서 ⬜의 pop ▾ 재생하기, 제어
멈추기 모두 ▾ 블록을 그림과 같이 연결한 후 'pop'을 앞서 선택한 소리로 변경합니다.

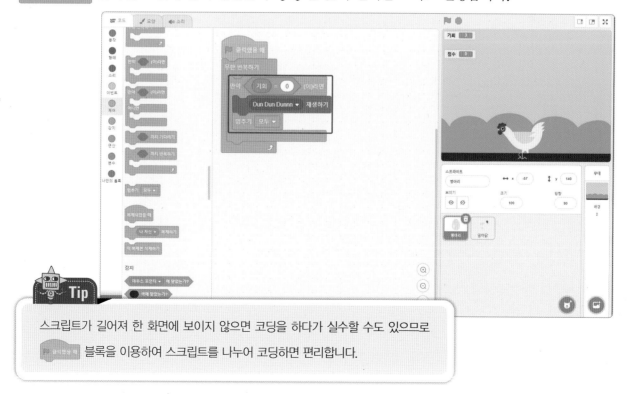

Tip
스크립트가 길어져 한 화면에 보이지 않으면 코딩을 하다가 실수할 수도 있으므로
블록을 이용하여 스크립트를 나누어 코딩하면 편리합니다.

❶ '엄마닭' 스프라이트를 선택한 후 ⬤의 ▭스페이스 ▾ 키를 눌렀을 때▭, ⬤의 ▭x 좌표를 10 만큼 바꾸기▭, ▭90 도 방향 보기▭, ⬤의 이벤트 동작 형태
▭다음 모양으로 바꾸기▭, ⬤의 ▭pop ▾ 재생하기▭ 블록을 그림과 같이 연결하고 '스페이스'를 '오른쪽 화살표'로 소리
변경합니다. 이어서 ❶ 스크립트를 복사한 후 각 옵션값을 순서대로 ❷ '왼쪽 화살표', '−10', '−90'
도로 변경한 후 ❸ 회전 방식을 '왼쪽/오른쪽'으로 변경합니다.

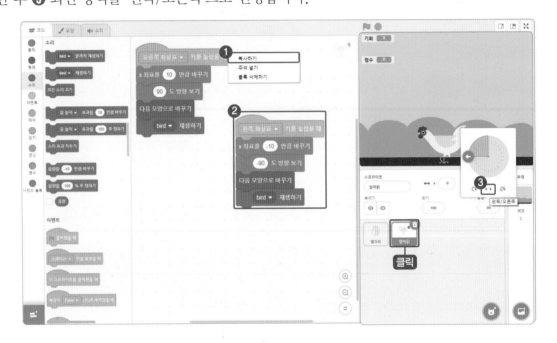

더 만들어 보기

예제 1 예제 파일을 불러와 다음 조건에 맞게 코딩을 완성해 보세요.

조건
① '기회', '속도', '점수' 변수를 만들고 각 변숫값을 지정합니다.
② '타코'는 위에서 아래로 내려오며 '트럭'에 닿으면 '점수'가 1씩 올라가고 '벽'에 닿으면 '기회'가 1씩 줄어듭니다.
③ '푸드 트럭'은 왼쪽 화살표 키를 누르면 왼쪽으로, 오른쪽 화살표 키를 누르면 오른쪽으로 이동합니다.
④ '기회'가 '0'이 되면 프로그램이 종료됩니다.

• 예제 파일 : 푸드 트럭.sb3　　• 완성 파일 : 푸드 트럭(완성).sb3

예제 2 예제 파일을 불러와 다음 조건에 맞게 코딩을 완성해 보세요.

조건
① '기회', '속도', '점수' 변수를 만들고 각 변숫값을 지정합니다.
② '번개'는 스페이스 키를 누르면 오른쪽으로 날아가다가 벽에 닿으면 사라집니다.
③ '유령'은 임의의 위치에서 임의의 속도로 무대 화면 아래쪽에서 위로 올라갑니다.
④ '유령'이 '번개'에 닿으면 점수가 1씩 올라가고 '벽'에 닿으면 기회가 1씩 감소합니다.

• 예제 파일 : 유령의 성.sb3　　• 완성 파일 : 유령의 성(완성).sb3

Chapter 21

즐거운 코딩 ⑦
CEO 도전기

다음의 조건을 이용해 코딩을 완성해 보세요.

① '빵'과 '잼'의 판매 금액과 구매할 '빵'의 개수와 '잼'의 개수를 입력합니다.

② '빵'과 '잼'의 총 가격을 물어보면 지불할 가격을 입력합니다.

③ 입력한 가격보다 총 가격이 많으면 더 지불할 돈을, 총 가격이 적으면 거스름돈이 얼마인지 알려줍니다.

　　　　　　　　　　　• 예제 파일 : CEO 도전기.sb3　　• 완성 파일 : CEO 도전기(완성).sb3

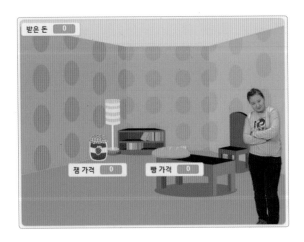

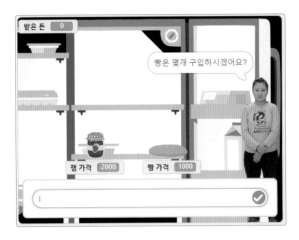

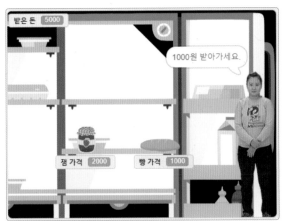

⭐ 코딩 이야기

❶ 'CEO' 스프라이트를 선택한 후 '빵 가격', '잼 가격', '합계', '받은 돈' 변수를 만들고 각 변숫값을 '0'으로 지정합니다. 이어서 무대 화면의 '빵 가격', '잼 가격', '받은 돈' 변수 창의 위치를 조절합니다.

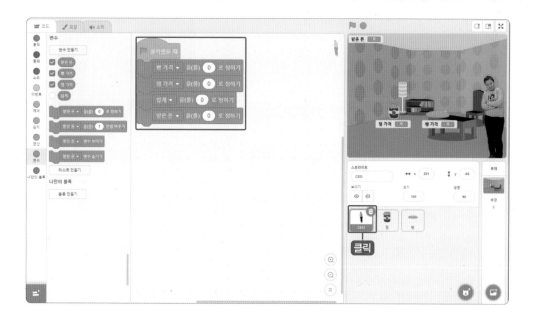

❷ 'CEO' 스프라이트의 모양과 배경을 변경하고 '오늘은 빵과 잼을 얼마에 팔까?'를 '5'초 동안 말하도록 코딩합니다.

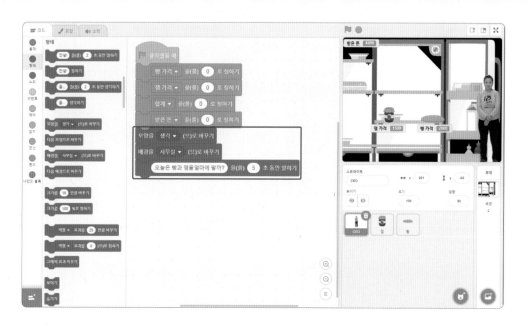

❸ 빵 가격과 잼 가격을 물어보면 대답을 각각 '빵 가격' 변수와 '잼 가격' 변수로 정하고 '가격을 정했으니 매장에서 팔아보자'를 말한 후 배경을 바꾸도록 코딩합니다.

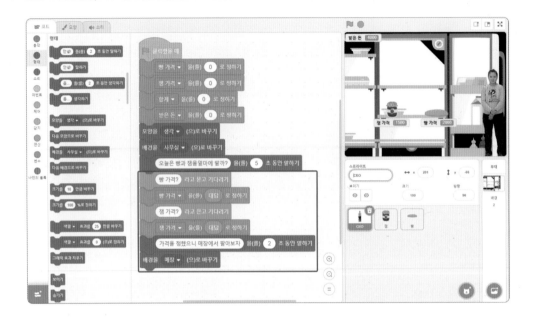

❹ '매장' 배경으로 바뀌면 'CEO'의 모양을 변경한 후 'CEO'가 빵과 잼을 몇 개 구매할 것인지 묻고 대답을 입력하면 각각 '빵 가격' 변수와 '잼 가격' 변수에 '대답'을 곱한 가격을 '합계' 변수에 더하도록 코딩합니다.

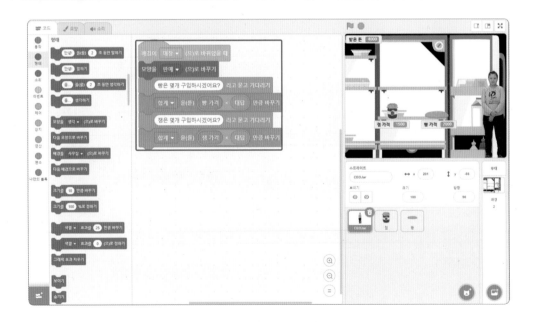

❺ 이어서 '돈을 지불해 주세요!'라고 물어보면 '대답'을 '받은 돈' 변수로 지정하고 '받은 돈' 변수와 '합계' 변수가 같다면 '감사합니다. 맛있게 드세요!'를 말하도록 코딩합니다.

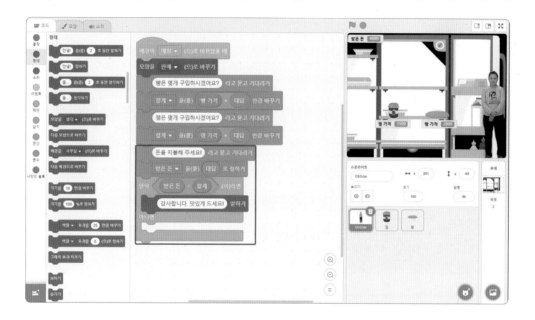

❻ '받은 돈' 변수가 '합계' 변수보다 크면 거스름돈을 계산하고 '원 받아가세요'라고 말하고 '받은 돈' 변수가 '합계' 변수보다 작으면 모자란 돈을 계산하고 '원을 더 주세요'라고 말하도록 코딩합니다.

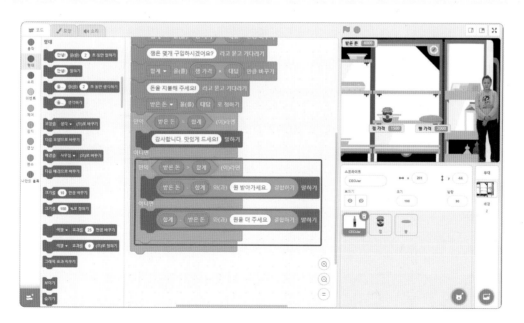

학습목표 🌱

리스트 : 오늘의 간식 정하기

- 리스트의 개념을 이해합니다.
- 리스트를 만들고 항목을 추가하거나 삭제하는 방법을 알아봅니다.
- 무대 화면에 리스트 항목을 표시하는 방법을 알아봅니다.
- 리스트 중 한 개를 무작위로 지정하여 발표하는 방법을 알아봅니다.

• 예제 파일 : **오늘의 간식.sb3** • 완성 파일 : **오늘의 간식(완성).sb3**

미션 문제 해결 과제 | **순차, 반복, 변수, 리스트**

필요한 스프라이트(배경)	주요 명령 블록

변수

- 항목 을(를) 간식 종류 ▼ 에 추가하기
- 1 번째 항목을 간식 종류 ▼ 에서 삭제하기
- 간식 종류 ▼ 의 항목을 모두 삭제하기
- 간식 종류 ▼ 리스트의 1 번째 항목
- 간식 종류 ▼ 의 길이

실행 화면 미리보기

시작 ➡ '나나' 클릭 하여 간식 추가하기 ➡ '쓰레기통' 클릭하여 간식 삭제하기 ➡ '푸드트럭' 클릭하여 오늘의 간식 발표하기 ➡ 끝

❶ '오늘의 간식' 예제 파일을 불러와 '나나' 스프라이트를 선택한 후 ⬤변수 의 [리스트 만들기]를 클릭하고 [새로운 리스트] 대화상자가 나타나면 '간식 종류'를 입력한 후 [확인]을 클릭합니다.

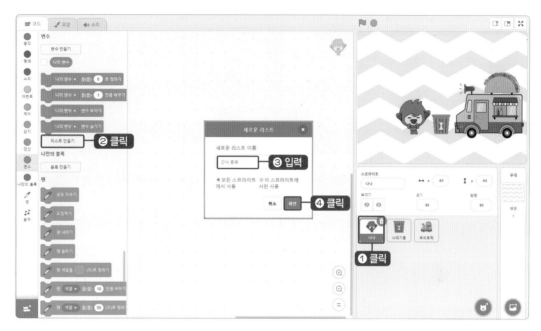

❷ ⬤이벤트 의 🏴 클릭했을 때 , ⬤변수 의 간식 종류 ▾ 의 항목을 모두 삭제하기 , ⬤제어 의 10 번 반복하기 블록을 그림과 같이 연결하고 '10'을 '3'으로 변경합니다.

> **Tip**
>
> 무대 화면의 리스트 항목을 클릭하면 항목의 내용을 변경할 수 있고 [삭제(❌)] 버튼을 클릭하면 리스트가 삭제됩니다.

❸ 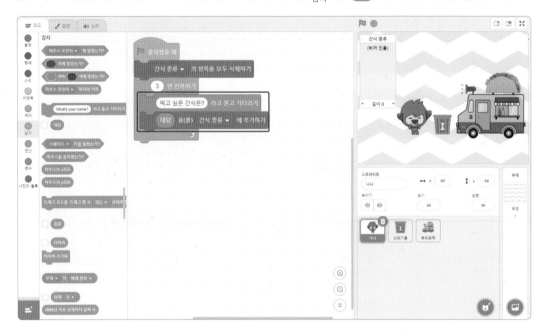 감지의 `What's your name?` 라고 묻고 기다리기 , 변수의 `항목 을(를) 간식 종류 ▾ 에 추가하기` 블록을 그림과 같이 연결한 후 'What's your name?'을 '먹고 싶은 간식은?'으로 변경하고 '항목' 칸에 감지의 `대답` 블록을 끼워 넣습니다.

❹ 이어서 이벤트의 `이 스프라이트를 클릭했을 때` , 감지의 `What's your name?` 라고 묻고 기다리기 , 변수의 `항목 을(를) 간식 종류 ▾ 에 추가하기` 블록을 그림과 같이 연결한 후 'What's your name?'을 '추가할 간식은?'으로 변경하고 '항목' 칸에 감지의 `대답` 블록을 끼워 넣습니다.

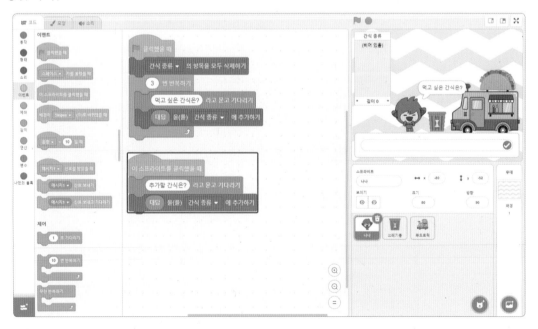

❶ '쓰레기통' 스프라이트를 선택한 후 ⬤의 이 스프라이트를 클릭했을 때 , ⬤의 What's your name? 라고 묻고 기다리기 블록을
그림과 같이 연결하고 'What's your name?'을 '삭제할 간식 번호는?'으로 변경합니다.

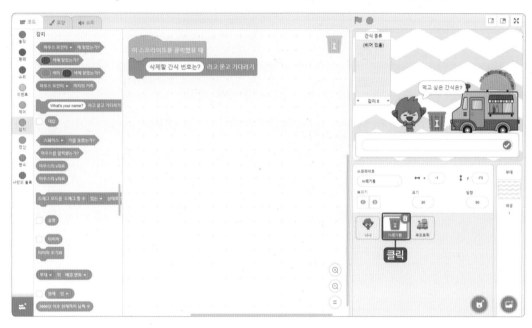

❷ ⬤의 만약 ~(이)라면 , ⬤의 ◯ = 50 블록을 그림과 같이 연결한 후 첫 번째 칸에 ⬤의 대답 블록을
끼워 넣고 두 번째 칸 '50'을 '0'으로 변경합니다.

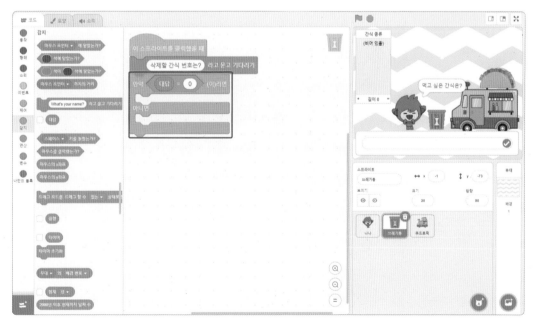

❸  변수의 `간식 종류 ▼ 의 항목을 모두 삭제하기`, `1 번째 항목을 간식 종류 ▼ 에서 삭제하기` 블록을 그림과 같이 연결한 후 '1' 칸에 감지의 `대답` 블록을 끼워 넣습니다.

---

❶ '푸드트럭' 스프라이트를 선택한 후 '순서', '오늘의 간식' 변수를 만들고 체크 박스를 해제하여 무대 화면에서 숨깁니다. 이어서 이벤트의 `이 스프라이트를 클릭했을 때`, 변수의 `순서 ▼ 을(를) 0 로 정하기`, 제어의 `10 번 반복하기` 블록을 그림과 같이 연결한 후 '10' 칸에 변수의 `간식 종류 ▼ 의 길이` 블록을 끼워 넣습니다.

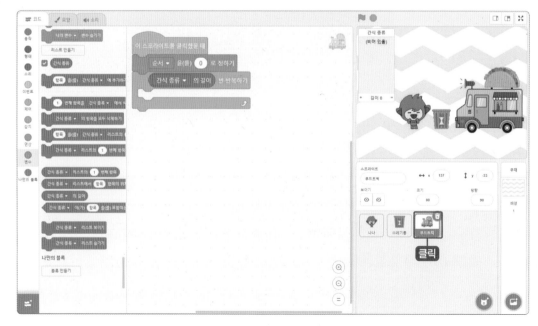

❷ 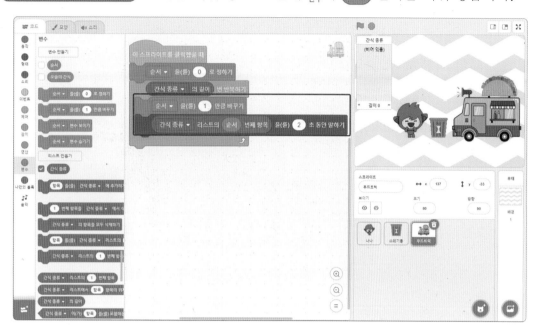의 변수 순서 ▼ 을(를) 1 만큼 바꾸기 , 형태의 안녕! 을(를) 2 초 동안 말하기 블록을 그림과 같이 연결한 후 '안녕!'
칸에 변수의 간식 종류 ▼ 리스트의 1 번째 항목 블록을 끼워 넣고 '1' 칸에 변수의 순서 블록을 끼워 넣습니다.

❸ 형태의 안녕! 을(를) 2 초 동안 말하기 , 변수의 순서 ▼ 을(를) 0 로 정하기 블록을 그림과 같이 연결한 후 '안
녕!'을 '이 중에서 오늘의 간식은?'으로, '순서'를 '오늘의 간식'으로 변경합니다.

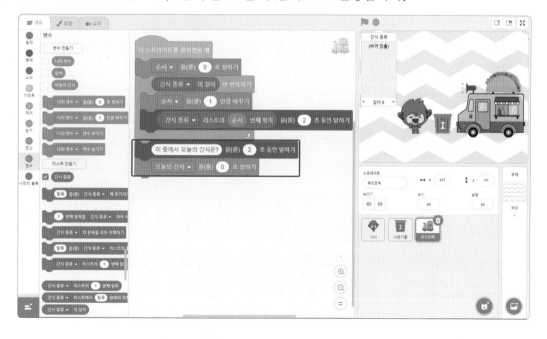

❹ 오늘의 간식 ▼ 을(를) 0 로 정하기 블록의 '0' 칸에 변수의 간식 종류 ▼ 리스트의 1 번째 항목 블록을 끼워 넣습니다. 이어서 '1' 칸에 연산의 1 부터 10 사이의 난수 블록을 끼워 넣고 '10' 칸에 변수의 간식 종류 ▼ 의 길이 블록을 그림과 같이 끼워 넣습니다.

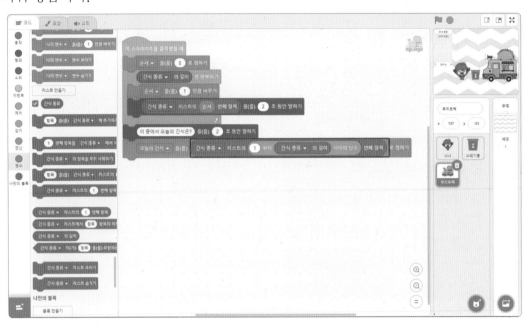

❺ 형태의 안녕! 말하기 블록을 그림과 같이 연결하고 '안녕!' 칸에 연산의 apple 와(과) banana 결합하기 블록을 끼워 넣습니다. 이어서 'apple' 칸에 변수의 오늘의 간식 블록을 끼워 넣고 'banana'를 '입니다'로 변경합니다.

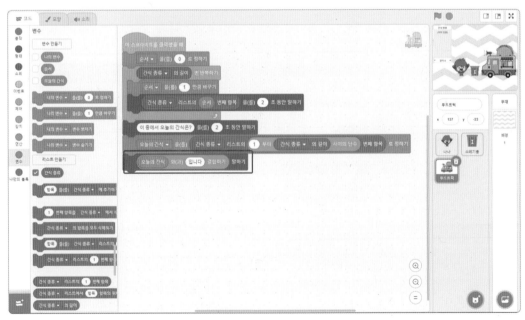

더 만들어 보기

예제 1 예제 파일을 불러와 다음 조건에 맞게 코딩을 완성해 보세요.

조건

① '당첨자', '순서' 변수와 '명단' 리스트를 만들고 '리스트'를 클릭하여 참가자의 이름을 입력하고 명단에 추가합니다.

② '삭제'를 클릭하면 삭제할 번호를 물어보고 입력한 항목을 삭제합니다.

③ '추첨기'를 클릭하면 참가자의 이름을 모두 말하고 참가자 중 한 명을 당첨자로 정한 후 당첨자 이름을 말합니다.

• 예제 파일 : 선물 추첨.sb3　• 완성 파일 : 선물 추첨(완성).sb3

예제 2 예제 파일을 불러와 다음 조건에 맞게 코딩을 완성해 보세요.

조건

① '술래' 변수와 '명단' 리스트를 만들고 '심판'을 클릭할 때마다 참가자의 이름을 입력하여 명단에 추가합니다.

② 참가자 이름을 '삭제'라고 입력하면 삭제할 번호를 물어보고 해당 번호의 항목을 리스트에서 삭제합니다.

③ 참가자 이름을 '추첨'이라고 입력하면 술래를 정하고 술래 이름을 말합니다.

• 예제 파일 : 술래 정하기.sb3　• 완성 파일 : 술래 정하기(완성).sb3

 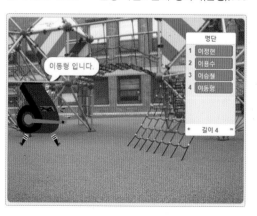

리스트 : 착한 댓글 로봇

- 리스트 목록에서 원하는 항목을 변경하는 방법을 알아봅니다.
- 2개의 리스트를 비교하여 금지어가 포함되었는지 확인하는 방법을 알아봅니다.
- 금지어가 포함된 리스트 항목을 삭제하는 방법을 알아봅니다.

• 예제 파일 : 착한 댓글봇.sb3 • 완성 파일 : 착한 댓글봇(완성).sb3

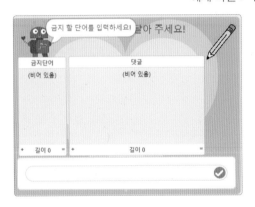

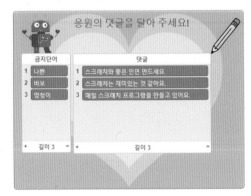

미션 문제 해결 과제 | 순차, 반복, 조건, 변수, 리스트

필요한 스프라이트(배경)	주요 명령 블록

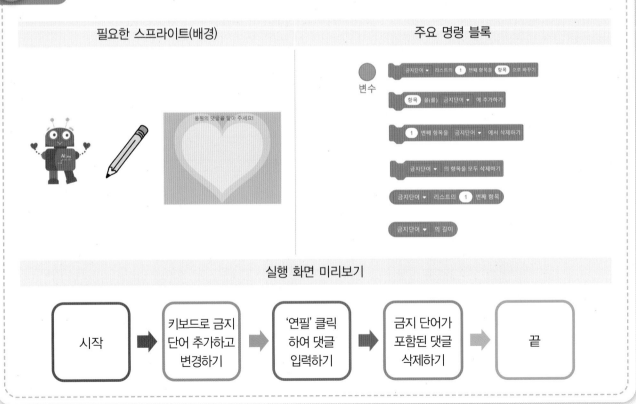

실행 화면 미리보기

시작 → 키보드로 금지 단어 추가하고 변경하기 → '연필' 클릭하여 댓글 입력하기 → 금지 단어가 포함된 댓글 삭제하기 → 끝

❶ '착한 댓글봇' 예제 파일을 불러온 후 '변경번호', '순서', '현재댓글' 변수와 '금지단어', '댓글' 리스트를 만듭니다. 이어서 변수의 체크 박스를 모두 해제한 후 무대 화면의 리스트 창 크기와 위치를 그림과 같이 조절합니다.

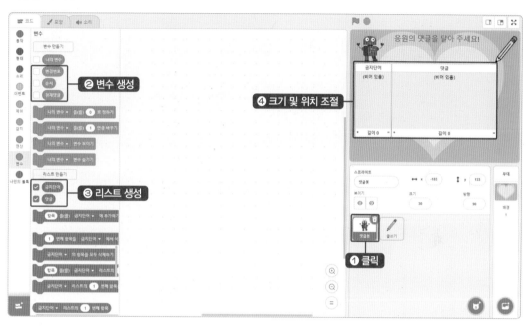

❷ _{이벤트}의 『클릭했을 때』, _{변수}의 『금지단어 ▾ 의 항목을 모두 삭제하기』 블록을 그림과 같이 연결하고 첫 번째 블록의 '금지단어'를 '댓글'로 변경합니다.

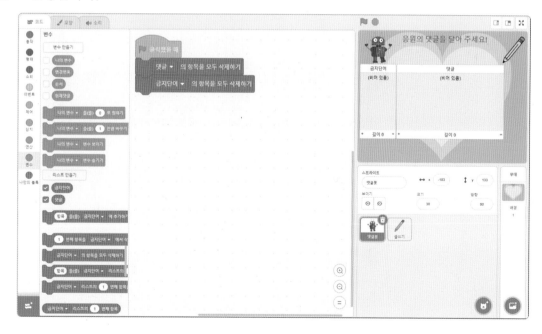

❸ 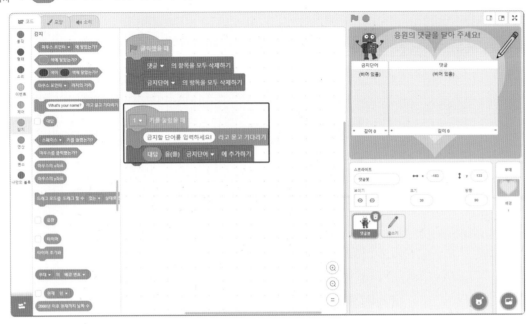 이벤트 의 `이 스프라이트를 클릭했을 때`, 감지 의 `What's your name? 라고 묻고 기다리기`, 변수 의 `항목 을(를) 금지단어 에 추가하기` 블록을 그림과 같이 연결한 후 '스페이스'를 '1'로, 'What's your name?'을 '금지할 단어를 입력하세요!'로 변경하고 '항목' 칸에 감지 의 `대답` 블록을 끼워 넣습니다.

❹ 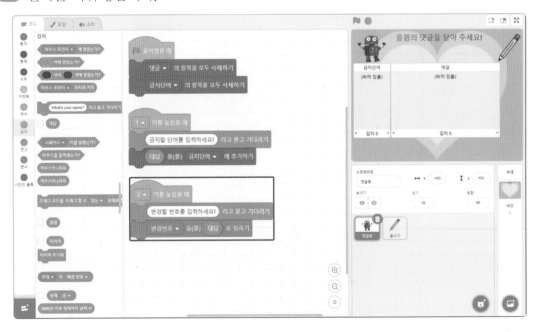 이벤트 의 `스페이스 ▾ 키를 눌렀을 때`, 감지 의 `What's your name? 라고 묻고 기다리기`, 변수 의 `변경번호 ▾ 을(를) 0 로 정하기` 블록을 그림과 같이 연결한 후 '스페이스'를 '2'로, 'What's your name?'을 '변경할 번호를 입력하세요!'로 변경하고 '0' 칸에 감지 의 `대답` 블록을 끼워 넣습니다.

❺ 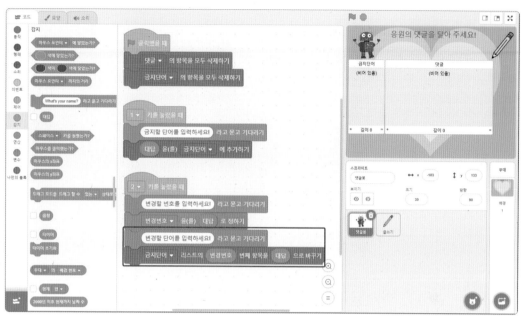 감지의 What's your name? 라고 묻고 기다리기, 변수의 금지단어 ▾ 리스트의 1 번째 항목을 항목 으로 바꾸기 블록을 그림과 같이 연결한 후 'What's your name?'을 '변경할 단어를 입력하세요!'로 변경하고 '1' 칸에 변수의 변경번호, '항목' 칸에 감지의 대답 블록을 각각 끼워 넣습니다.

❻ 형태의 안녕! 을(를) 2 초 동안 말하기 블록을 그림과 같이 연결한 후 '안녕!' 칸에 연산의 apple 와(과) banana 결합하기 블록을 끼워 넣습니다. 이어서 'apple' 칸에 감지의 대답 블록을 끼워 넣고 'banana'를 '(으)로 변경되었습니다.'로 변경합니다.

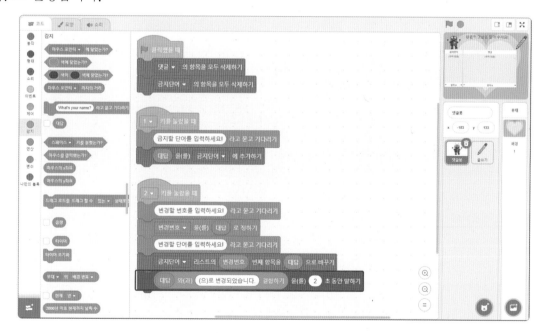

❶ '글쓰기' 스프라이트를 선택한 후 이벤트의 이 스프라이트를 클릭했을 때 , 감지의 What's your name? 라고 묻고 기다리기 , 변수의 항목 을(를) 금지단어 ▼ 에 추가하기 블록을 그림과 같이 연결하고 'What's your name?'을 '댓글을 입력하세요.'로 변경합니다. 이어서 '항목' 칸에 감지의 대답 블록을 끼워 넣고 '금지단어'를 '댓글'로 변경합니다.

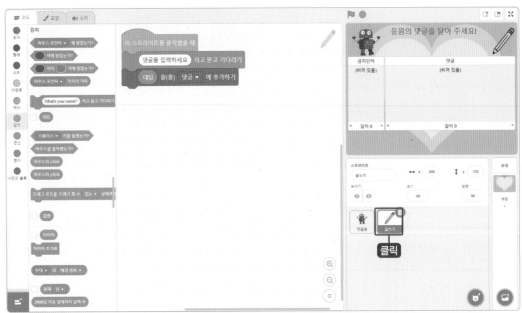

❷ 의 변수 변경번호 을(를) 0 로 정하기 블록을 그림과 같이 연결한 후 첫 번째 블록의 '변경번호'를 '현재댓글'로 변경하고 '0' 칸에 감지의 대답 블록을 끼워 넣습니다. 이어서 두 번째 블록의 '변경번호'를 '순서'로 변경합니다.

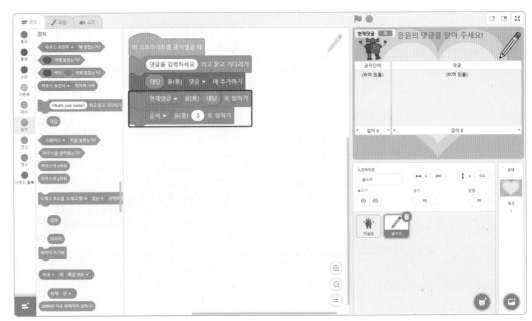

❸ ⬤의 제어 [🔁 10 번 반복하기], ⬤의 변수 [변경번호 ▾ 을(를) 1 만큼 바꾸기] 블록을 그림과 같이 연결한 후 '10' 칸에 ⬤의 변수

[금지단어 ▾ 의 길이] 블록을 끼워 넣고 '변경번호'를 '순서'로 변경합니다.

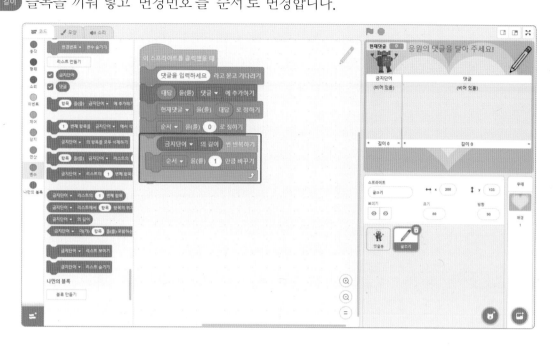

❹ ⬤의 제어 [만약 ◆ (이)라면] 블록을 그림과 같이 연결하고 ◆ 안에 ⬤의 연산 [apple 이(가) a 을(를) 포함하는가?] 블록을 끼워

넣은 후 'apple' 칸에 ⬤의 변수 [현재댓글] 블록을 끼워 넣습니다. 이어서 'a' 칸에 ⬤의 변수 [금지단어 ▾ 리스트의 1 번째 항목]

블록을 끼워 넣고 '1' 칸에 ⬤의 변수 [순서] 블록을 끼워 넣습니다.

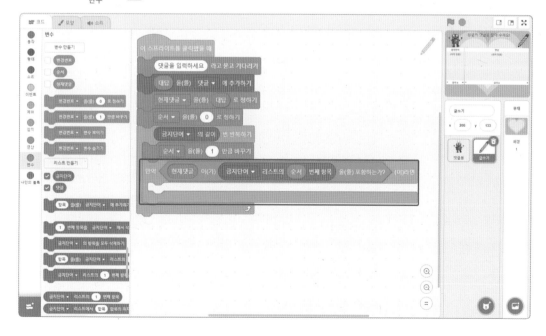

❺ 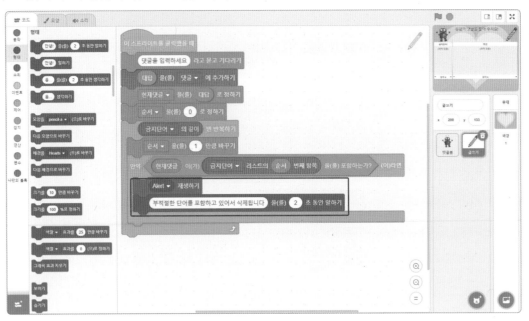 소리의 [Alert ▾ 재생하기], 형태의 [안녕! 을(를) 2 초 동안 말하기] 블록을 그림과 같이 연결하고 '안녕!'을 '부적절한 단어를 포함하고 있어서 삭제됩니다.'로 변경합니다.

❻ 형태의 [안녕! 을(를) 2 초 동안 말하기], 변수의 [1 번째 항목을 금지단어 ▾ 에서 삭제하기] 블록을 그림과 같이 연결한 후 '안녕!'을 '서로에게 힘이 되는 착한 댓글을 달아주세요.'로, '금지단어'를 '댓글'로 변경합니다. 이어서 '1' 칸에 변수의 [금지단어 ▾ 의 길이] 블록을 끼워 넣고 '금지단어'를 '댓글'로 변경합니다.

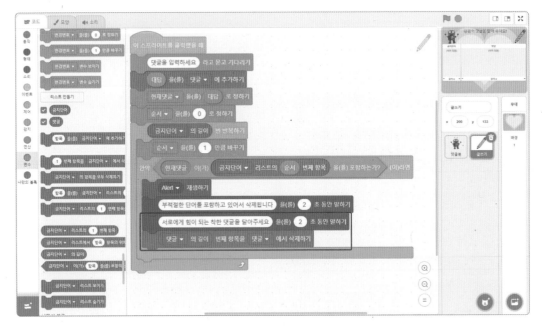

더 만들어 보기

예제 1 예제 파일을 불러와 다음 조건에 맞게 코딩을 완성해 보세요.

조건

① '입력'을 클릭하여 영어 단어와 뜻풀이를 각각 입력하고 리스트에 추가합니다.

② '수정'을 클릭하여 입력한 단어와 뜻풀이를 수정합니다.

③ '시험'을 클릭하여 영어 단어 퀴즈를 풀고 정답이면 '정답입니다!'를, 오답이면 '오답입니다!'를 말합니다.

• 예제 파일 : **영어 단어 암기.sb3**　　• 완성 파일 : **영어 단어 암기(완성).sb3**

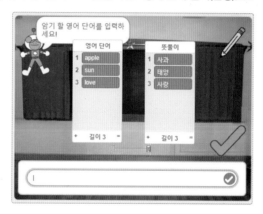

예제 2 예제 파일을 불러와 다음 조건에 맞게 코딩을 완성해 보세요.

조건

① '1번 선수'와 '2번 선수'가 1부터 20까지의 수를 번갈아 말합니다.

② '1번 선수'와 '2번 선수'가 말한 숫자를 각각의 리스트에 추가합니다.

③ 앞의 선수가 말한 숫자를 중복으로 말하면 게임이 종료됩니다.

• 예제 파일 : **암기 게임.sb3**　　• 완성 파일 : **암기 게임(완성).sb3**

Chapter 24

즐거운 코딩 ⑧

버킷 리스트

 다음의 조건을 이용해 코딩을 완성해 보세요.

① '가고 싶은 곳', '먹고 싶은 것', '하고 싶은 것'을 클릭하여 각각의 리스트에 항목을 추가합니다.

② '삭제'를 입력하면 해당 항목의 리스트를 삭제합니다.

③ '소원의 마술봉'을 클릭하면 정해진 3개의 항목을 순서대로 발표합니다.

• 예제 파일 : 버킷 리스트.sb3 • 완성 파일 : 버킷 리스트(완성).sb3

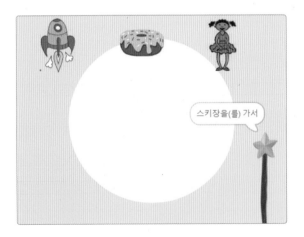

⭐ 코딩 이야기

❶ '가고 싶은 곳' 스프라이트를 선택한 후 '가고 싶은 곳'을 클릭하면 가고 싶은 곳을 묻고 대답을 말하고 '삭제'를 입력하면 몇 번째 항목을 삭제할지 묻고 해당 항목을 삭제하도록 코딩합니다.

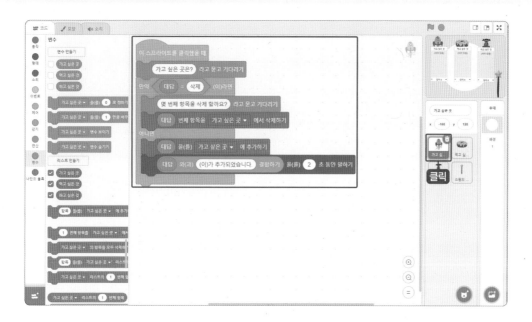

❷ '먹고 싶은 것' 스프라이트를 선택한 후 '먹고 싶은 것'을 클릭하면 먹고 싶은 것을 묻고 대답을 말하고 '삭제'를 입력하면 몇 번째 항목을 삭제할지 묻고 해당 항목을 삭제하도록 코딩합니다.

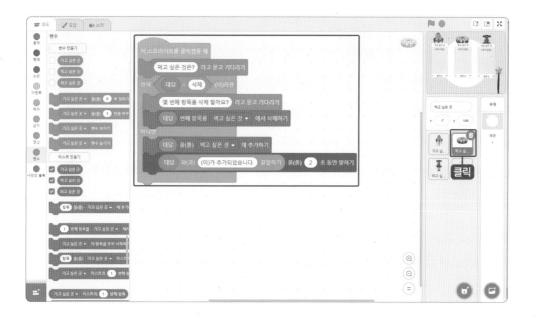

❸ '하고 싶은 것' 스프라이트를 선택한 후 '하고 싶은 것'을 클릭하면 하고 싶은 것을 묻고 대답을 말하고 '삭제'를 입력하면 몇 번째 항목을 삭제할지 묻고 해당 항목을 삭제하도록 코딩합니다.

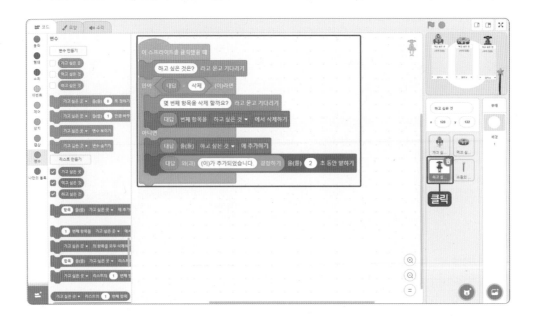

❹ '소원의 마술봉' 스프라이트를 선택한 후 프로그램이 시작되면 지정된 위치로 이동하고 3개의 리스트를 무대 화면에 보인 후 모든 항목을 삭제하도록 코딩합니다.

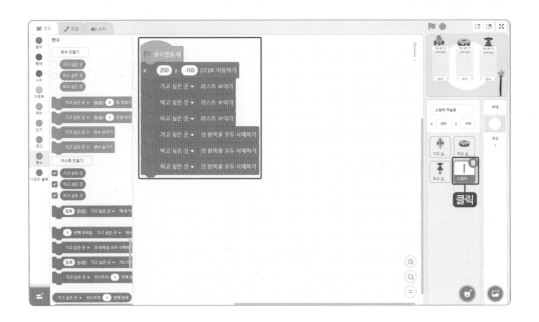

❺ 이어서 '소원의 마술봉'을 클릭하면 3개의 리스트를 숨긴 후 각각의 리스트 항목에서 항목의 길이만큼 난수를 이용하여 '가고 싶은 곳', '먹고 싶은 것', '하고 싶은 것' 변수에 저장하도록 코딩합니다.

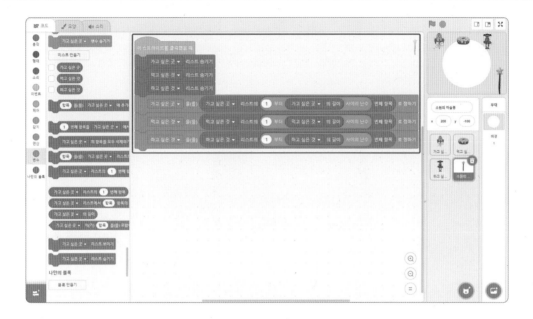

❻ '오늘 할 버킷 리스트는'을 말한 후 정해진 항목을 순서대로 말하도록 코딩합니다.

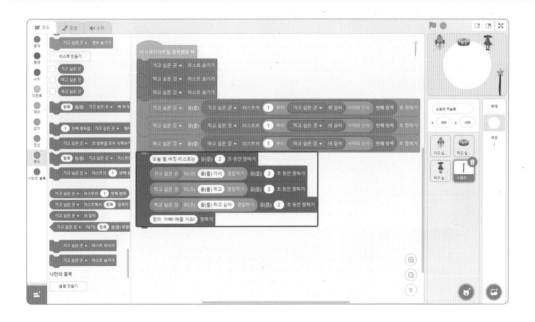